中野ユカリの
手作りっぽく見えない服

文化出版局

M

ポケットつきジレ
photo p.16
how to make p.58

N

ワイドパンツ
photo p.17
how to make p.54

O

ノーカラーの
ブルゾン
photo p.20
how to make p.60

P

ジョッパーズ
photo p.20
how to make p.62

Q

ふんわり
プルオーバー
photo p.22
how to make p.64

R

タックギャザースカート
photo p.22
how to make p.66

S

ボトルネックの
プルオーバー
photo p.23
how to make p.68

T

タックギャザースカート
photo p.23
how to make p.66

U

プレスパンツ
photo p.24
how to make p.70

V

ノーカラーの
ジャケット
photo p.25
how to make p.72

W

フレアスカート
photo p.26
how to make p.78

X

ボトルネックのワンピース
photo p.27
how to make p.57

Y

Aラインのコート
photo p.28
how to make p.75

ほどよい甘さでパンツとの相性も◎。切替えでギャザーが寄っているのでおなか回りをさりげなくカバーできます。

後ろウエストがゴム仕様のタイトスカート。細身でもスリットがやや深いので足さばきは充分。

C オールインワン
how to make p.38

ローウエストで切り替えた8分丈パンツのオールインワン。前後が深いVネックなので容易に脱ぎ着できます。

切替えから上はC、下はBと同型のジャンパースカート。メンズライクな布で。

衿ぐりと袖口の縁とりとふっくらした袖がアクセント。身頃は裾広がりでかわいさ＆着やすさ抜群。

Eと同型で着丈を長くしたワンピース。シンプルなデザインなので大きな模様がよく映えます。

比翼仕立ての前立てとドルマン袖がポイントのブラウスと、フレアパンツの組合せ。さっそうと出かけたい。

フリーサイズのスカートは、切替えを斜めにして布を替えたところが新鮮。Gのブラウスをスカートにインしています。

スラッシュは切れ目のこと。後ろが長い前後差プルオーバーはデニムに白い糸のステッチをキリリと効かせて。

ゆったりシルエットのワイドパンツ。フルレングスでシンプルだから一年中ワードローブで大活躍。

Aのアレンジで切替えから下を直線のスカートにしたワンピース。ギャザーがきれいに出る柔らかい布で。

体型カバーになるし、暖かいし、なんといってもはおるだけでおしゃれに決まる。ジレは秀逸アイテムです。

Kと同型のワイドパンツはプリントで作るとこんな感じ。Gのブラウスをはおっています。

手作りっぽく見えない服が好き

作品は、基本的にシンプルなデザインが中心で
そのときの旬や流行りを隠し味として取り入れつつ
飽きのこない、長く着られる服作りを心がけています。

デザインがシンプルな分、布地選びにはこだわりがあります。
「その服、どこのショップで買ったの？」と
問われることがしばしばあるように、
「手作り」と気づかれない布地を使用しています。

そしてなにより、
「外に着て行ける服」「人にほめられる服」が求められていて
「カッコいい服をラクに、早く作りたい」という
要望もよく聞きます。
この本では、特別なテクニックがなくても、
洋裁の初心者さんでも容易に作れるように工夫しました。

服が完成したら、次は、どんなふうに着ればいいか――。
そんな声にもお応えして、この本の服で
着回しができるようにコーディネートしました。

お気に入りの服を作り、ステキに着こなして、
楽しく出かけていただけたらうれしいです。

中野ユカリ

本番の布地で縫製する前に、必ずトワル（※）を作ります。注意点など
を書き込み、シルエットを確認してOKなら本番の布地を裁断します。
※トワル＝シーチングで試作すること。

O ノーカラーのブルゾン
how to make p.60

P ジョッパーズ
how to make p.62

ブルゾンは身頃も袖もギャザーがたっぷり。ヒップにゆるみのあるジョッパーズとセットアップ風に。

後ろにプリーツがあるのでその分ゆったり。ノーカラーだからストール使いなど衿もとのおしゃれを楽しめます。

Q　ふんわりプルオーバー
how to make p.64

R　タックギャザースカート
how to make p.66

袖口と裾に伸縮性を利用し、ギャザーを寄せたプルオーバー。裁つのも縫うのもまっすぐなスカートを合わせて。

ボトルネックのプルオーバー **S**
how to make p.68

タックギャザースカート **T**
how to make p.66

プルオーバーはp.6、p.20でも着用。スカートはRと同型の布違い。無地で作っておくとなにかと便利です。

パンツの中央に折り目（プレス）をつけたパンツ。きちんと感があってフォーマルにも着られます。

Mのジレと同型の身頃に、袖をつけてジャケットにアレンジ。着こなし次第でカジュアルにもフォーマルにも。

W フレアスカート
how to make p.78

ウエストベルトがないため、おなか回りがすっきり見えます。キルティング風の布地で作れば軽くて暖かい。

Sのプルオーバーと同型で、袖と着丈を長くしたのがこちら。これ一枚で決まるからワンピースは便利。

Y Aラインのコート
how to make p.75

裾広がりシルエットのコート。ボタンは飾りでマグネットホックをつけたので、作るのも着るのも簡単。

YUKARI'S COORDINATE
大人のコーディネート

この本で紹介した作品を私自身も着用してみました。作品と作品、また、どなた
でも持っているような既製服を合わせてみました。モデルさんとはひと味違う
着こなしを参考にしていただけたらうれしいです。

01 Uのプレスパンツ(p.24)にレザージャケット。

02 Rのスカート(p.22)はモノトーンにまとめて。

03 Vのジャケット(p.25)にはデニムでラフに。

04 Aのプルオーバー(p.4)はガウチョパンツと。

05 Oのブルゾン(p.20)とBのタイトスカート(p.5)。

06 Jのプルオーバー(p.12)とNのワイドパンツ(p.17)。

07 Cのオールインワン(p.6)はブラウスでエレガントに。

08 Lのワンピース(p.14)にカーディガンをはおって。

09 Sのプルオーバー(p.23)とKのワイドパンツ(p.13)。

10 Yのコート(p.28)は白を合わせて清潔感をキープ。

11 Eのプルオーバー(p.8)の縁とりに合わせて黒で統一。

12 Gのブラウス(p.10)にはビビッドカラーのボトムスも似合う。

13 Iのスカート(p.11)は黒を合わせて甘くなりすぎないように。

14 Pのジョッパーズ(p.20)は裾をロールアップしてサンダルで。

15 Dのジャンパースカート(p.7)はインナーもブーツも黒でシックに。

16 Xのワンピース(p.27)はデニム＋スニーカーでカジュアルに。

17 Hのフレアパンツ(p.10)はニットとサンダルで大人の甘さに。

18 Mのジレ(p.16)はスカートとも相性抜群。

photograph : Yukari Nakano

FABRICS
この本で使用した布

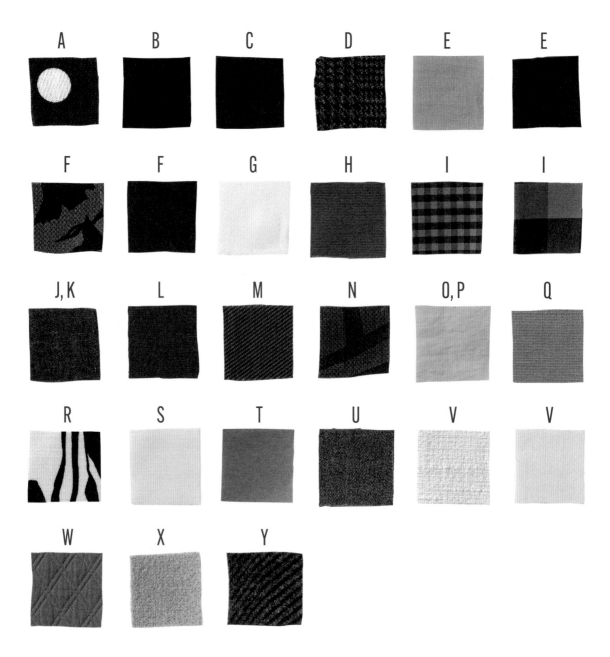

Aガルゼドット(P100%) Bポンチニット(R69%, N27%, PU4%) Cエコハイブリッドソロタフタ(P100%) Dツィーディグ
レンチェック(P100%) Eベージュ／ナイロンオックス(N100%)、黒／綿サテンストレッチ(C98%, PU2%) Fプリント／ポリ
エステルブッチャー(P100%)、無地／綿サテンストレッチ(C98%,PU2%) G綿サテン(C100%) H,Q,Sポンチニットライト
(R69%, N27%, PU4%) I先染めギンガム(C100%) J,Kコットンデニム(C100%) Lドライタッチフェイクリネン(P100%)
Mストレッチツイル(P92%, C8%) Nポリエステルブッチャー(P100%) O,Pストレッチワッシャー(N93%, PU7%) Rライ
トグログラン(P100%) Tウェザーストレッチ(C56%, P44%) U混紡ストレッチ(P64%, R33%, PU3%) Vストレッチミッ
クスツイード(P62%, C37%, PU1%)、別布／ストレッチツイル(P80%, C20%) Wキルティング調ジャカード(P100%) X
ニットメルトン(P49%, AC46%, W5%) Yニットメルトン(P80%, AC10%, R10%)

※AC＝アクリル、C＝コットン、N＝ナイロン、P＝ポリエステル、PU＝ポリウレタン、R＝レーヨン、W＝ウールの略

◎ 布地のお問合せ先　A,C,D,E,F,I,J,K,L,M,N,O,P,R,S,T,U,V,W,X,Y　　B,G,H,Q
couturier marché　　ユザワヤ
https://couturier-marche.myshopify.com　　https://www.yuzawaya.shop/

サイズについて

○この本の作品は、S・M・L・2L・3Lまでの5サイズが作れます。着る人のサイズに合ったパターンを下記の参考寸法表と、各作品に出来上り寸法を表記したので、参照して選んでください。
○着丈などは、着る人に合わせたり、好みなどで調節してください。

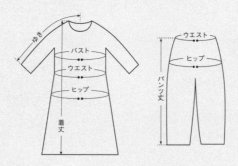

裁合せについて

布の裁合せはサイズによって配置が異なる場合があります。
まず、すべてのパターンを配置して確認してから布を裁断してください。

〈 参考寸法表 〉　　　　　　　　　　　　単位はcm

	S (7号)	M (9号)	L (11号)	2L (13号)	3L (15号)
バスト	80	84	88	92	96
ウエスト	62	66	70	74	78
ヒップ	86	90	94	98	102
身長			160		

※モデルの身長は168cm、164cm

実物大パターンについて

付録の実物大パターンにはすべて縫い代が含まれています。「裁合せ図」のその部分に含まれる縫い代分を表記したので参考にしてください。

材料について

ゴムテープの長さは各サイズともおおよその長さを表記したので、試着してから長さを決めてください。

針と糸について

この本の作品のほとんどを11番ミシン針、60番ミシン糸で縫いました（B,H,Q,Sは除く）。

A 　photo_p.4　切替えギャザーのプルオーバー　　　　実物大パターン **a**面

＊文中、図中の5つ並んだ数字は、サイズS、M、L、2L、3L。
　1つは共通

| 製 図 |

55、57、59、61、63

ギャザー

ペプラム
（2枚）

26

わ

| 出来上り寸法 |

バスト…102、106、110、114、118cm
ゆき…28、29、30、31、32cm
着丈…55cm

| 材 料 |

布［ガルゼドット］…
　　112cm幅230、240、250、250、260cm
ボタン…直径1.3cmを1個
テープ…0.5cm幅6cm

| 作り方 |

1　後ろあきをバイアス布でくるむ（図参照）
2　身頃とペプラムを縫い合わせる（図参照）
3　肩を縫う（図参照）
4　衿ぐりをバイアス布でくるむ（p.47-4参照）
5　袖ぐりをバイアス布でくるむ（1図参照）
6　脇を縫う（p.39-5参照）
7　裾を二つ折りにして縫う
8　ボタンをつける

| 裁合せ図 |

112cm幅

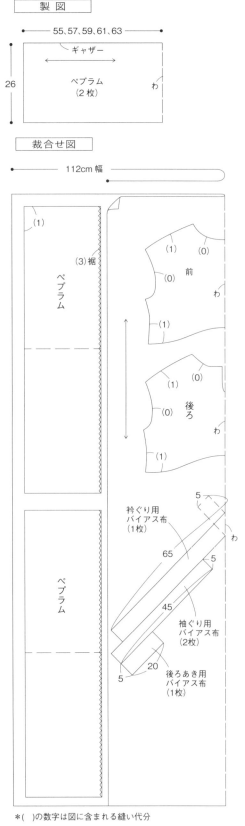

ペプラム

(1)

(3)裾

(1)　(0)

(0)　前

わ

(1)

(1)　(0)

(0)　後ろ

わ

(1)

ペプラム

衿ぐり用
バイアス布
（1枚）

5

65

5

45

袖ぐり用
バイアス布
（2枚）

5

20

後ろあき用
バイアス布
（1枚）

＊（　）の数字は図に含まれる縫い代分
＊〜〜〜 ジグザグミシンをかけておく

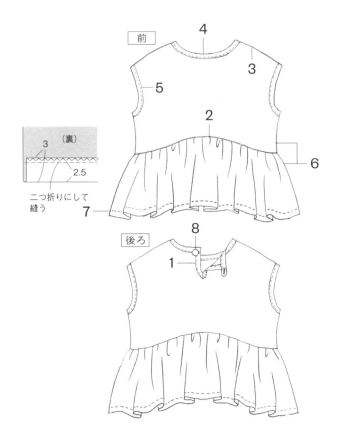

前

4

3

5

2

6

（裏）

3

2.5

二つ折りにして
縫う

7

後ろ

8

1

34

〈 バイアス布の折り方 〉

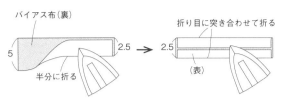

アイロンで折る

バイアス布（裏）

5

半分に折る

2.5 → 折り目に突き合わせて折る

2.5

（表）

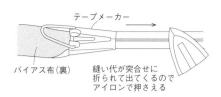

テープメーカーで折る

テープメーカー

バイアス布（裏）

縫い代が突合せに
折られて出てくるので
アイロンで押さえる

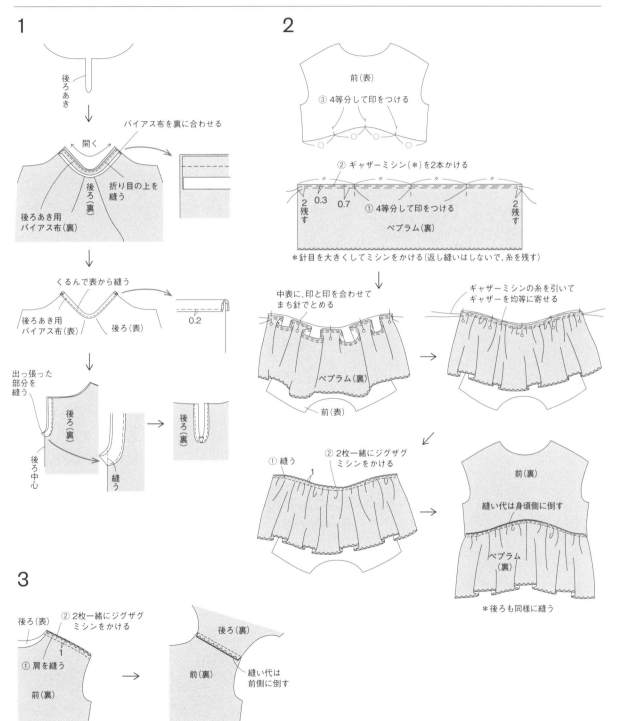

1

後ろあき

開く

バイアス布を裏に合わせる

折り目の上を
縫う

後ろあき用
バイアス布（裏）

後ろ（裏）

後ろ

くるんで表から縫う

後ろあき用
バイアス布（表）

後ろ（表）

0.2

出っ張った
部分を
縫う

後ろ（裏）

後ろ中心

縫う

後ろ（裏）

2

前（表）

③ 4等分して印をつける

② ギャザーミシン（＊）を2本かける

2
残す

0.3
0.7

① 4等分して印をつける

2
残す

ペプラム（裏）

＊針目を大きくしてミシンをかける（返し縫いはしないで、糸を残す）

中表に、印と印を合わせて
まち針でとめる

ペプラム（裏）

前（表）

ギャザーミシンの糸を引いて
ギャザーを均等に寄せる

① 縫う
② 2枚一緒にジグザグ
ミシンをかける

1

前（裏）

縫い代は身頃側に倒す

ペプラム
（裏）

＊後ろも同様に縫う

3

後ろ（表）

② 2枚一緒にジグザグ
ミシンをかける

1

① 肩を縫う

前（裏）

→

後ろ（裏）

前（裏）

縫い代は
前側に倒す

＊文中、図中の5つ並んだ数字は、サイズS、M、L、2L、3L。
　1つは共通

箱 出来上り寸法

ウエスト…92、96、100、104、108cm
ヒップ…104、108、112、116、120cm
スカート丈…79.5cm

箱 材　料

布［ポンチニット］…
　145cm幅100、100、100、120、120cm
接着芯…20×5cm
インサイドベルト…4cm幅40cm
ゴムテープ…3cm幅40、50、50、60、60cm
レジロン糸、11番ミシン針

箱 作り方

1　ポケットを作り、つける（図参照）
2　後ろ中心を縫い、スリットを縫う（図参照）
3　前スカートのタックをたたむ（図参照）
4　脇を縫う（図参照）
5　ウエストベルトを作り、つける（図参照）
6　後ろウエストベルトにゴムテープを通す
　（図参照）
7　裾を二つ折りにして縫う（図参照）

製　図

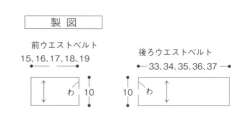

前ウエストベルト
15、16、17、18、19

後ろウエストベルト
←─ 33、34、35、36、37 ─→

裁合せ図

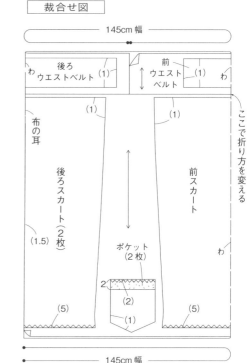

145cm幅

後ろウエストベルト (1)
前ウエストベルト (1)
わ
(1)
(1)
布の耳
後ろスカート（2枚）
前スカート
(1.5)
ここで折り方を変える
わ
ポケット（2枚）
2
(2)
(1)
(5)
(5)
145cm幅

＊(　)の数字は図に含まれる縫い代分
＊□=接着芯（裏にはる）
＊〰〰 ジグザグミシンをかけておく

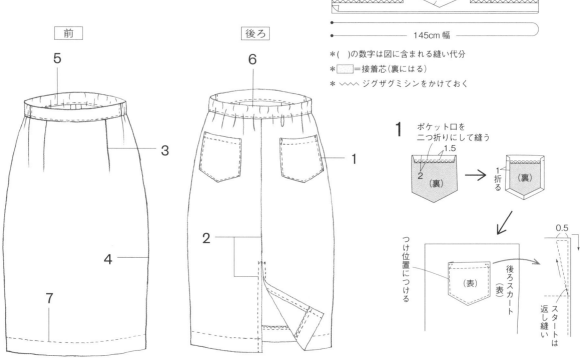

前

後ろ

5
3
4
7

6
1
2

1
ポケット口を
二つ折りにして縫う
1.5
2（裏）
1
折る
1（裏）

つけ位置につける
（表）
後ろスカート（表）
0.5
スタートは返し縫い

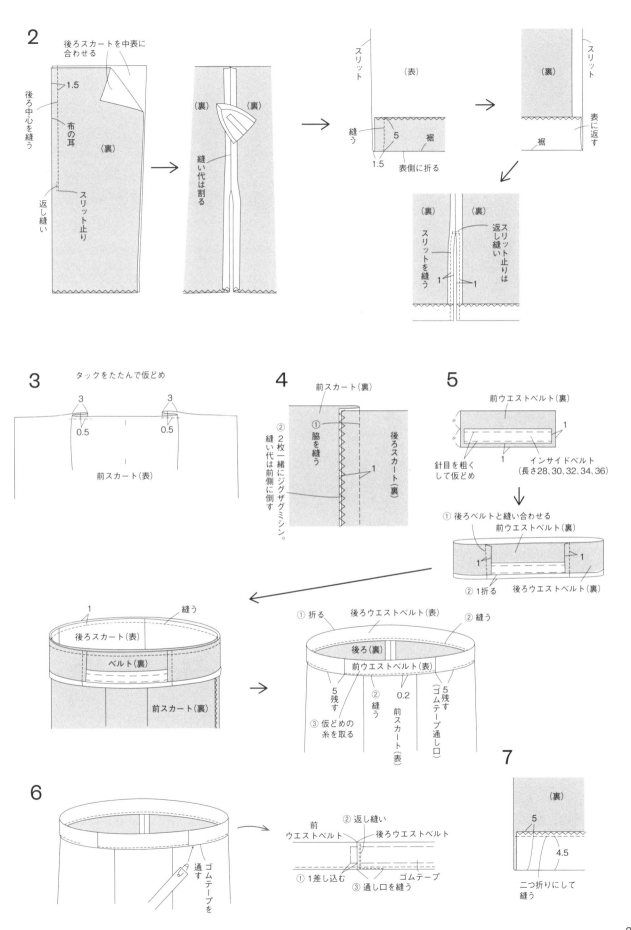

2

後ろスカートを中表に合わせる

1.5

後ろ中心を縫う

布の耳

（裏）

返し縫い

スリット止り

縫い代は割る

（裏）　（裏）

スリット

（表）

縫う

5

1.5

表側に折る

裾

（裏）

スリット

表に返す

裾

（裏）　（裏）

スリットを縫う

返し縫い

スリット止りは

1　1

3

タックをたたんで仮どめ

3　　　3

0.5　　0.5

前スカート（表）

4

前スカート（裏）

① 脇を縫う

後ろスカート（裏）

1

② 2枚一緒にジグザグミシン。縫い代は前側に倒す

5

前ウエストベルト（裏）

1

1

針目を粗くして仮どめ

インサイドベルト（長さ28、30、32、34、36）

① 後ろベルトと縫い合わせる

前ウエストベルト（裏）

1　　　1

② 1折る

後ろウエストベルト（裏）

1

縫う

後ろスカート（表）

ベルト（裏）

前スカート（裏）

① 折る　後ろウエストベルト（表）　② 縫う

後ろ（裏）

前ウエストベルト（表）

5残す

② 縫う

0.2

前スカート（表）

5残す（ゴムテープ通し口）

③ 仮どめの糸を取る

6

ゴムテープを通す

② 返し縫い

前ウエストベルト　　後ろウエストベルト

① 1差し込む　③ 通し口を縫う　ゴムテープ

7

（裏）

5

4.5

二つ折りにして縫う

＊文中、図中の5つ並んだ数字は、サイズS、M、L、2L、3L。
　1つは共通

[出来上り寸法]

バスト…93、97、101、105、109cm
ヒップ…107、111、115、119、123cm
着丈…127cm

[材　料]

布［化繊タフタ］…
　132cm幅290、290、290、300、300cm
接着芯…50×35cm
バイアステープ（両折り）…12.7mm幅160cm

[作り方]

1　ポケットを作り、つける(p.36-1参照)
2　肩を縫い、縫い代は前側に倒す(p.35-3参照)
3　衿ぐりを見返しで始末する(図参照)
4　袖ぐりをバイアステープで始末する(図参照)
5　身頃の脇を縫う(図参照)
6　パンツの脇を縫い、縫い代は後ろ側に倒す
7　股下を縫う(p.56-3参照)
8　股上を縫う(p.56-4参照。上端まで縫う)
9　身頃とパンツを縫い合わせる(図参照)
10　裾を二つ折りにして縫う(図参照)

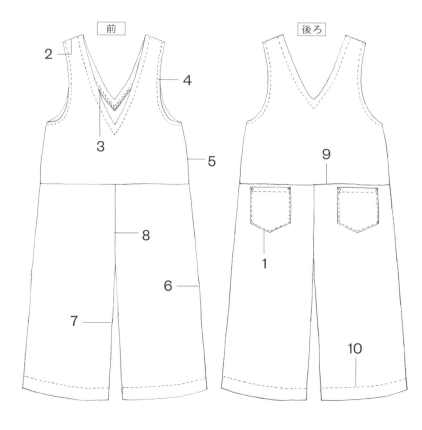

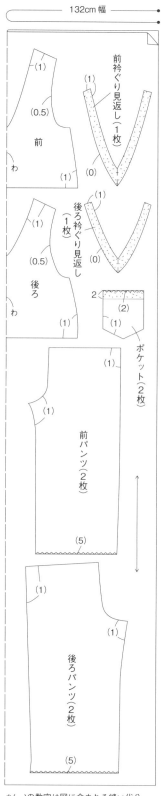

＊（　）の数字は図に含まれる縫い代分
＊▨＝接着芯（裏にはる）
＊〰〰＝ジグザグミシンをかけておく

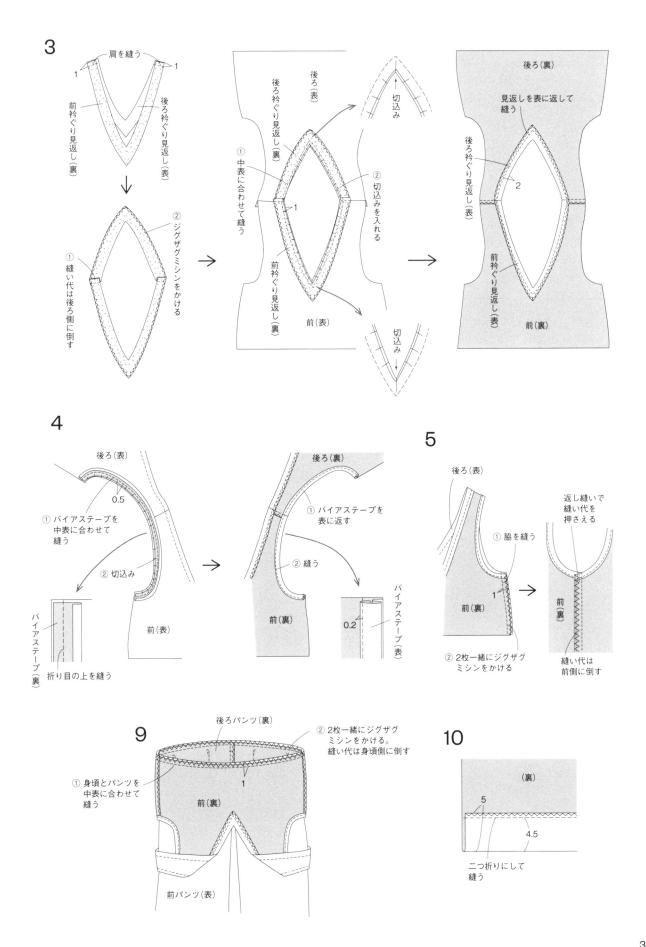

3

肩を縫う

1　　　　1

前衿ぐり見返し（裏）

後ろ衿ぐり見返し（表）

①縫い代は後ろ側に倒す

②ジグザグミシンをかける

後ろ（表）

後ろ衿ぐり見返し（裏）

①中表に合わせて縫う

②切込みを入れる

前衿ぐり見返し（裏）

前（表）

切込み

切込み

後ろ（裏）

見返しを表に返して縫う

後ろ衿ぐり見返し（表）

2

前衿ぐり見返し（表）

前（裏）

4

後ろ（表）

0.5

①バイアステープを中表に合わせて縫う

②切込み

前（表）

バイアステープ（裏）

折り目の上を縫う

後ろ（裏）

①バイアステープを表に返す

②縫う

前（裏）

0.2

バイアステープ（表）

5

後ろ（表）

①脇を縫う

1

前（裏）

②2枚一緒にジグザグミシンをかける

返し縫いで縫い代を押さえる

前（裏）

縫い代は前側に倒す

9

後ろパンツ（裏）

②2枚一緒にジグザグミシンをかける。縫い代は身頃側に倒す

①身頃とパンツを中表に合わせて縫う

1

前（裏）

前パンツ（表）

10

（裏）

5

4.5

二つ折りにして縫う

D photo_p.7 ジャンパースカート

※文中、図中の5つ並んだ数字は、サイズS、M、L、2L、3L。
　1つは共通

出来上り寸法
バスト…93、97、101、105、109cm
ヒップ…104、108、112、116、120cm
着丈…114cm

材　料
布[化繊グレンチェック]…146cm幅160cm
接着芯…50×35cm
バイアステープ(両折り)…12.7mm幅160cm

作り方
1　ポケットを作り、つける(p.36-1参照)
2　肩を縫い、縫い代は前側に倒す(p.35-3参照)
3〜5　　(p.39-3〜5参照)
6　スカートの後ろ中心を縫い、スリットを
　　縫う(p.37-2参照)
7　スカートの脇を縫う(p.37-4参照)
8　身頃とスカートを縫い合わせる(p.39-9参照)
9　裾を二つ折りにして縫う(p.39-10参照)

裁合せ図

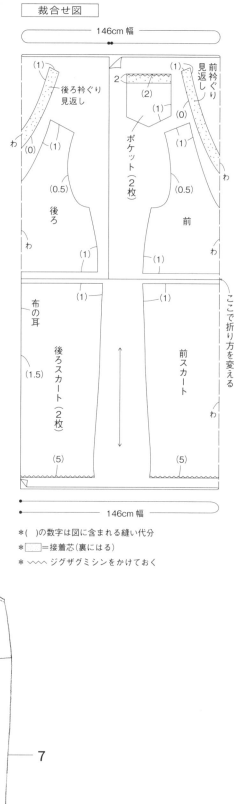

＊(　)の数字は図に含まれる縫い代分
＊ ▢ =接着芯(裏にはる)
＊ 〰〰 ジグザグミシンをかけておく

F photo_p.9 ふっくら袖のワンピース

実物大パターン **b**面

＊文中、図中の5つ並んだ数字は、サイズS、M、L、2L、3L。
　1つは共通

出来上り寸法

バスト…110、114、118、122、126cm
ゆき…56、56.5、57、58、58.5cm
着丈…118cm

材　料

布［化繊ブッチャー］…112cm幅330cm
別布［綿サテンストレッチ］…113cm幅40cm

作り方

1〜8　p.42参照

前

後ろ

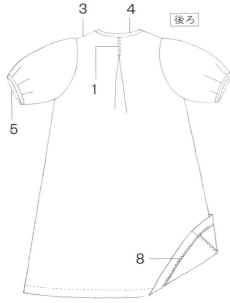

裁合せ図

112cm幅

＊別布の裁合せ図はp.42参照

前

わ

後ろ

わ

ここで折り方を変える

112cm幅

袖

袖

112cm幅

＊（　）の数字は図に含まれる縫い代分
＊〜〜〜 ジグザグミシンをかけておく

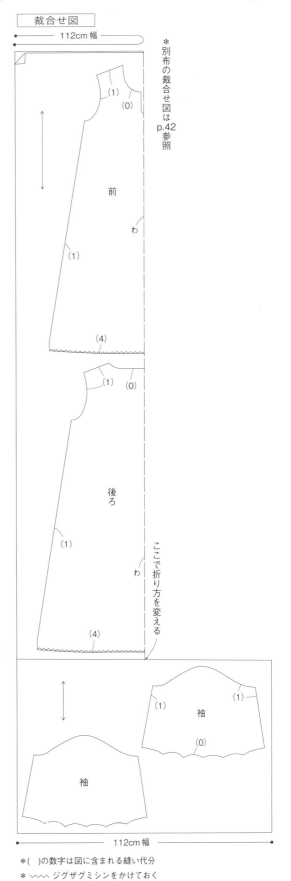

*文中、図中の5つ並んだ数字は、サイズS、M、L、2L、3L。
　1つは共通

【出来上り寸法】
バスト…110、114、118、122、126cm
ゆき…56、56.5、57、58、58.5cm
着丈…61cm

【材料】
布［化繊オックス］…125cm幅190cm
別布［綿サテンストレッチ］…113cm幅40cm

【作り方】
1　後ろ中心のプリーツを縫う（図参照）
2　前あきをバイアス布でくるむ（p.35-1参照）
3　肩を縫い、縫い代は前側に倒す（p.35-3参照）
4　衿ぐりをバイアス布でくるむ
　　（p.47-4参照。テープはなし）
5　袖口のタックをたたみ、バイアス布で
　　くるむ（図参照）
6　袖をつける（図参照）
7　袖下から脇を続けて縫う（図参照）
8　裾を二つ折りにして縫う（図参照）

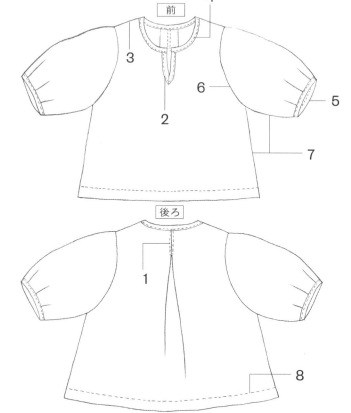

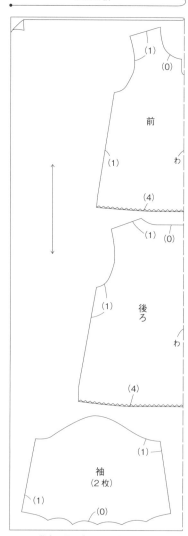

【裁合せ図】
125cm幅

前
後ろ
袖
（2枚）

*（　）の数字は図に含まれる縫い代分
* 〜〜〜 ジグザグミシンをかけておく

【裁合せ図（別布）】

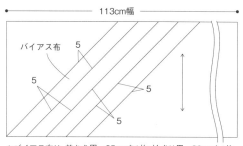

113cm幅
バイアス布
5

*バイアス布は、前あき用＝25cmを1枚、衿ぐり用＝80cmを1枚、
　袖口用＝55cmを2枚裁つ（はぎ方はp.43、折り方はp.35参照）

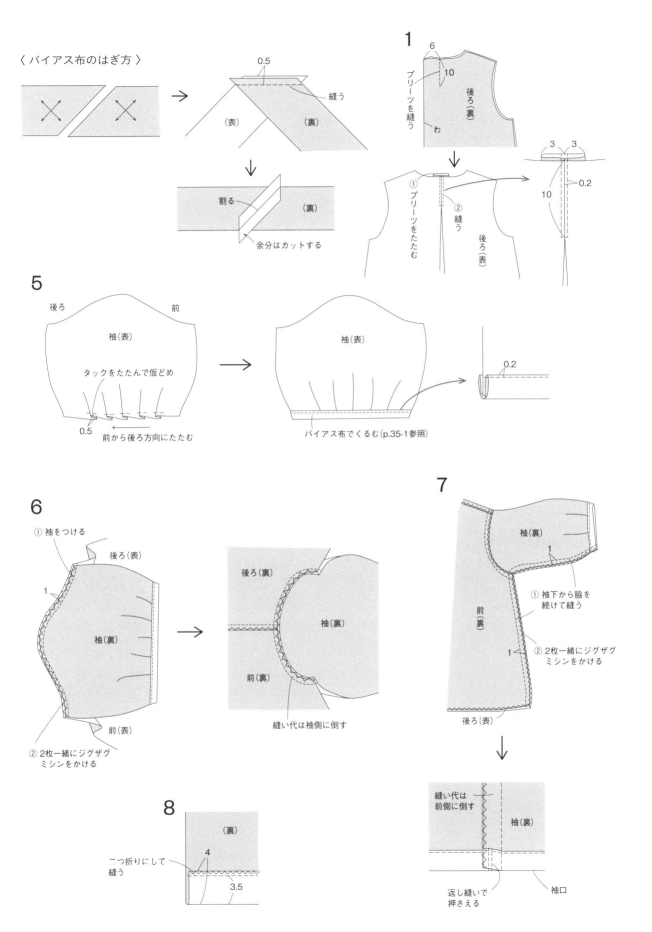

〈 バイアス布のはぎ方 〉

0.5
縫う
(表)
(裏)

割る
(裏)
余分はカットする

1
6
10
プリーツを縫う
後ろ(裏)
わ

① プリーツをたたむ
② 縫う
後ろ(表)

3　3
0.2
10

5
後ろ　　　　前
袖(表)

タックをたたんで仮どめ
0.5
前から後ろ方向にたたむ

袖(表)

0.2

バイアス布でくるむ(p.35-1参照)

6
① 袖をつける
後ろ(表)
1
袖(裏)
前(表)
② 2枚一緒にジグザグ
ミシンをかける

後ろ(裏)
袖(裏)
前(裏)
縫い代は袖側に倒す

7
袖(裏)
1
前(裏)
① 袖下から脇を
続けて縫う
1
② 2枚一緒にジグザグ
ミシンをかける
後ろ(表)

縫い代は
前側に倒す
袖(裏)
返し縫いで
押さえる
袖口

8
(裏)
4
二つ折りにして
縫う
3.5

＊文中、図中の5つ並んだ数字は、サイズS、M、L、2L、3L。
　1つは共通

出来上り寸法

バスト…約111、115、119、123、127cm
ゆき…62.5、63、63.5、64、64.5cm
着丈…前＝71、後ろ＝80.5cm

材　料

布［綿サテン］…110cm幅220cm
接着芯…10×70cm（前端）、
　　　50×10cm（衿）
ゴムテープ…0.8cm幅50、50、60、60、60cm
プラスナップスリム…直径1.3cmを5組み

作り方

準備　左前の前端を5.5cmカットする。右前、
　　　左前の前端に接着芯をはる（図参照）
1　左前端を二つ折りにして縫う（図参照）
2　右前端を縫い、プラスナップをつける
　　（図、p.77参照）
3　後ろ中心を縫う（図参照）
4　裾を縫う（図参照）
5　肩を縫い、縫い代は前側に倒す
6　衿を作り、つける（図参照）
7　脇を縫う（図参照）
8　袖口を二つ折りにして縫い、ゴムテープを
　　通す（図参照）
9　左前にプラスナップをつける（p.77参照）

裁合せ図

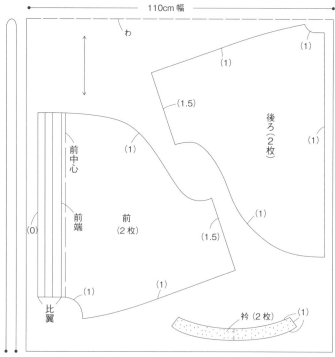

＊（　）の数字は図に含まれる縫い代分
＊□□□＝接着芯（表衿のみ、裏にはる）

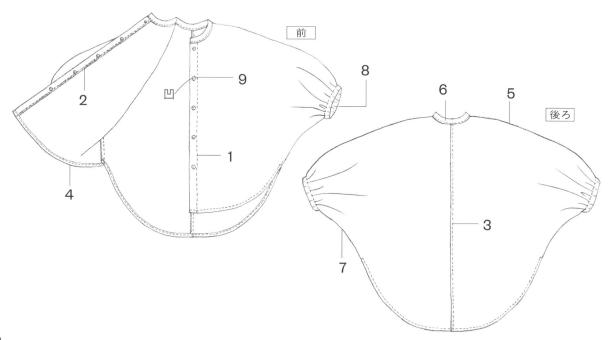

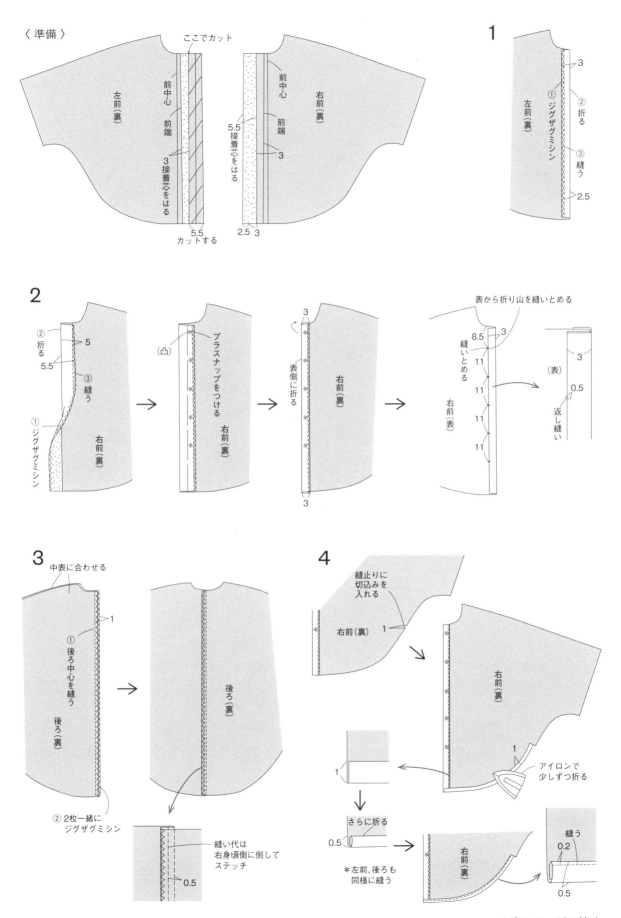

〈 準備 〉

ここでカット

前中心
前端
3 接着芯をはる
左前（裏）
5.5
カットする

前中心
前端
5.5 接着芯をはる
3
右前（裏）
2.5 3

1

左前（裏）
① ジグザグミシン
② 折る
③ 縫う
3
2.5

2

② 折る
5
5.5
③ 縫う
① ジグザグミシン
右前（裏）

（凸）
プラスナップをつける
右前（裏）

3
表側に折る
右前（裏）
3

表から折り山を縫いとめる
8.5
3
縫いとめる
11
11
11
11
右前（表）

（表）
3
0.5
返し縫い

3

中表に合わせる
① 後ろ中心を縫う
後ろ（裏）
1

後ろ（裏）

② 2枚一緒にジグザグミシン

縫い代は
右身頃側に倒して
ステッチ
0.5

4

縫止りに切込みを入れる
右前（裏）
1

右前（裏）
1
アイロンで少しずつ折る

1

さらに折る
0.5

＊左前、後ろも同様に縫う

右前（裏）
縫う
0.2
0.5

＊次のページに続く

6

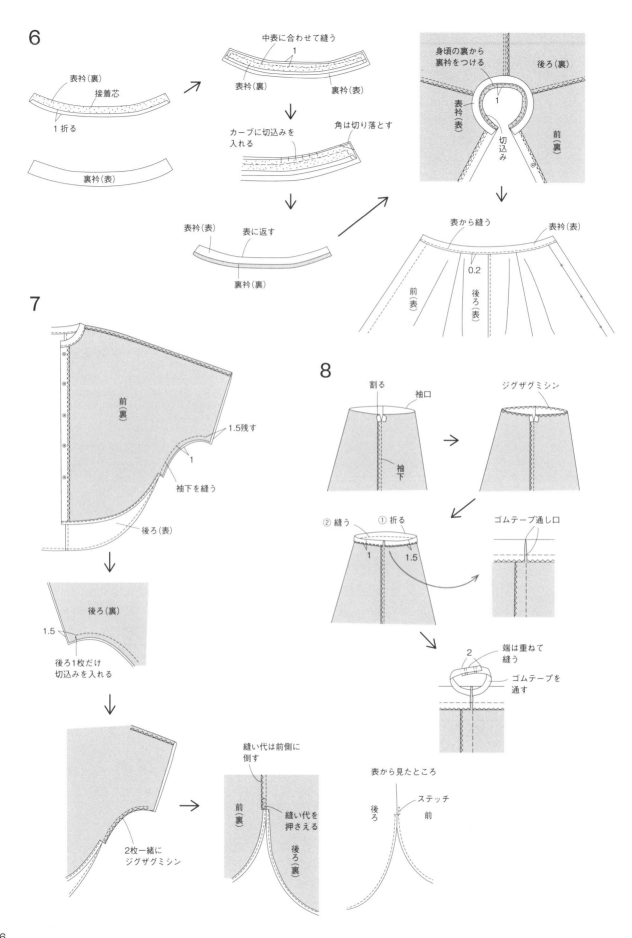

表衿(裏)
接着芯
1 折る

裏衿(表)

中表に合わせて縫う
1
表衿(裏)　裏衿(表)

カーブに切込みを入れる　角は切り落とす

表に返す
表衿(表)　裏衿(裏)

身頃の裏から裏衿をつける
後ろ(裏)
表衿(表)
1
切込み
前(裏)

表から縫う
表衿(表)
0.2
前(表)　後ろ(表)

7

前(裏)
1.5残す
1
袖下を縫う
後ろ(表)

後ろ(裏)
1.5
後ろ1枚だけ切込みを入れる

2枚一緒にジグザグミシン

縫い代は前側に倒す
前(裏)
縫い代を押さえる
後ろ(裏)

8

割る　袖口
袖下

ジグザグミシン

② 縫う　① 折る
1　1.5

ゴムテープ通し口

端は重ねて縫う
2
ゴムテープを通す

表から見たところ
後ろ　ステッチ　前

46

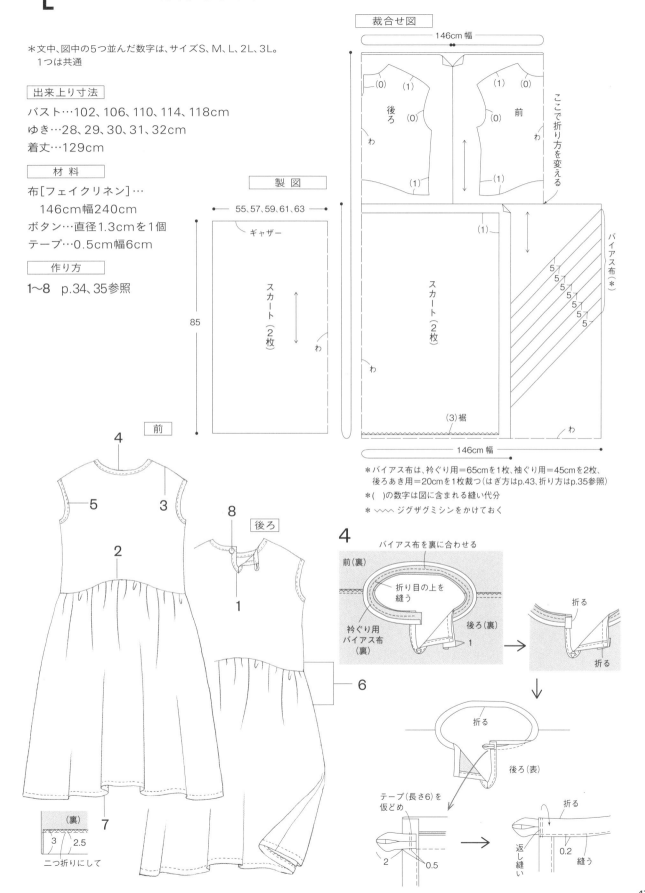

＊文中、図中の5つ並んだ数字は、サイズS、M、L、2L、3L。
　1つは共通

出来上り寸法
バスト…102、106、110、114、118cm
ゆき…28、29、30、31、32cm
着丈…129cm

材　料
布［フェイクリネン］…
　　146cm幅240cm
ボタン…直径1.3cmを1個
テープ…0.5cm幅6cm

作り方
1〜8　p.34、35参照

裁合せ図
146cm幅
後ろ　前
(0)　(1)　(1)　(0)
(0)　(0)
わ　わ
ここで折り方を変える
バイアス布（＊）
(1)　(1)
(1)
5 5 5 5 5 5 5
わ　わ
(3)裾
146cm幅

製　図
55、57、59、61、63
ギャザー
スカート（2枚）
85
わ

スカート（2枚）
わ

＊バイアス布は、衿ぐり用＝65cmを1枚、袖ぐり用＝45cmを2枚、
　後ろあき用＝20cmを1枚裁つ（はぎ方はp.43、折り方はp.35参照）
＊( )の数字は図に含まれる縫い代分
＊ 〰〰 ジグザグミシンをかけておく

前
4
5　3
2

後ろ
8
1

6

4
バイアス布を裏に合わせる
前（裏）
折り目の上を縫う
衿ぐり用バイアス布（裏）
後ろ（裏）　1
折る　折る

折る
折る
後ろ（表）
テープ（長さ6）を仮どめ
2　0.5

折る
0.2
返し縫い　縫う

（裏）
3　2.5
二つ折りにして
7

H photo_p.10　**フレアパンツ**　　　　　　　　　　　　　実物大パターン **b**面

＊文中、図中の5つ並んだ数字は、サイズS、M、L、2L、3L。
　1つは共通

photo_p.10

出来上り寸法

ウエスト…88、92、96、100、104cm
ヒップ…98、102、106、110、114cm
パンツ丈…98.5、99、99.5、100、100.5cm

材　料

布［ポンチニットライト］…
　145cm幅200、200、200、210、210cm
接着芯…5×20cm
ゴムテープ…3cm幅70、70、80、80、90cm
レジロン糸、11番ミシン針

作り方

1　ポケットを作る（図参照）
2　脇を縫い、縫い代は後ろ側に倒す
3　股下を縫う（p.56-3参照）
4　股上を縫う（p.56-4参照。上端まで縫う）
5　ウエストベルトを作り、パンツにつける
　（図参照）
6　ウエストベルトにゴムテープを通す
　（p.67-3参照）
7　裾を二つ折りにして縫う

製　図

46、48、50、52、54

10　わ　ウエストベルト（1枚）

裁合せ図

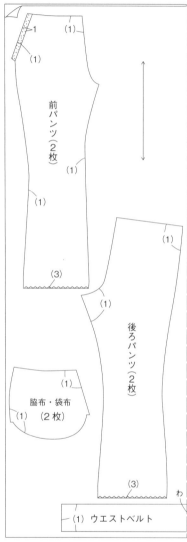

145cm幅

前パンツ（2枚）　(1)

後ろパンツ（2枚）

脇布・袋布（2枚）

ウエストベルト

＊( )の数字は図に含まれる縫い代分
＊▨=接着芯（裏にはる）
＊〜〜〜ジグザグミシンをかけておく

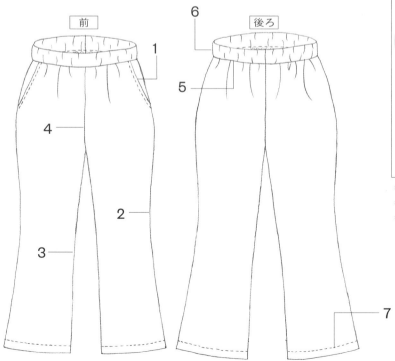

前　　　　　後ろ

（裏）

3

2.5

二つ折りにして縫う

1

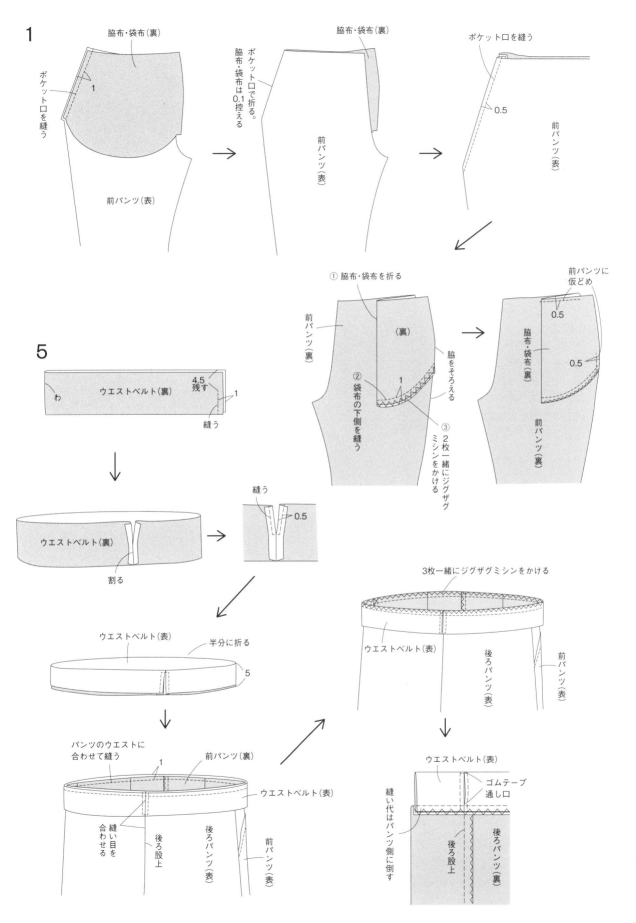

脇布・袋布（裏）

ポケット口を縫う

1

前パンツ（表）

ポケット口で折る。
脇布・袋布は
0.1控える

脇布・袋布（裏）

前パンツ（表）

ポケット口を縫う

0.5

前パンツ（表）

① 脇布・袋布を折る

前パンツ（裏）

（裏）

② 袋布の下側を縫う

脇をそろえる

1

③ 2枚一緒にジグザグミシンをかける

前パンツに仮どめ

0.5

脇布・袋布（裏）

0.5

前パンツ（裏）

5

ウエストベルト（裏）

4.5残す

1

縫う

わ

ウエストベルト（裏）

割る

縫う

0.5

ウエストベルト（表）

半分に折る

5

パンツのウエストに
合わせて縫う

1

前パンツ（裏）

ウエストベルト（表）

縫い目を合わせる

後ろ股上

後ろパンツ（表）

前パンツ（表）

3枚一緒にジグザグミシンをかける

ウエストベルト（表）

後ろパンツ（表）

前パンツ（表）

ウエストベルト（表）

ゴムテープ通し口

縫い代はパンツ側に倒す

後ろ股上

後ろパンツ（裏）

49

斜め切替えティアードスカート

＊S、M、L、2L、3Lに共通の1サイズ

製 図

出来上り寸法
ウエスト…126cm
ヒップ…126cm
スカート丈…88.5cm

材 料
布[先染めギンガム]（上段分）…
　　112cm幅130cm
別布[先染めギンガム]（下段分）…
　　112cm幅130cm
ゴムテープ…3cm幅70、70、80、80、90cm

作り方
1　下段にギャザーを寄せて上段と
　縫い合わせる（図、p.35-2参照）
2　脇を縫う（図参照）
3　ウエストを二つ折りにして縫い、
　ゴムテープを通す（図参照）
4　裾を二つ折りにして縫う（図参照）

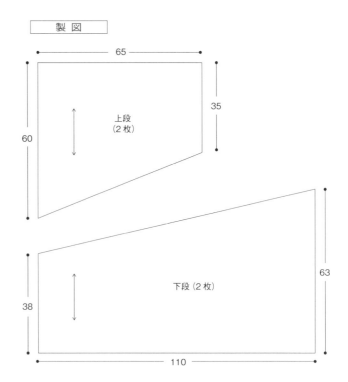

裁合せ図

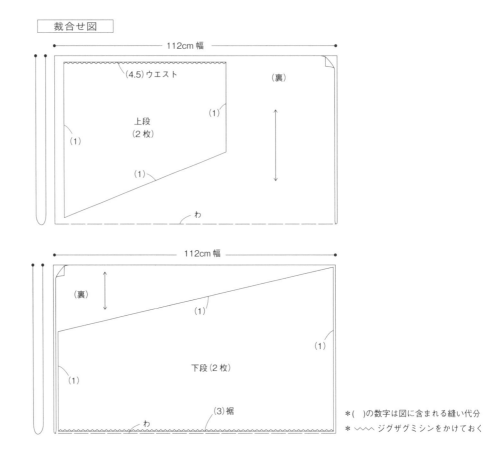

＊( )の数字は図に含まれる縫い代分
＊ \\\\\\\ ジグザグミシンをかけておく

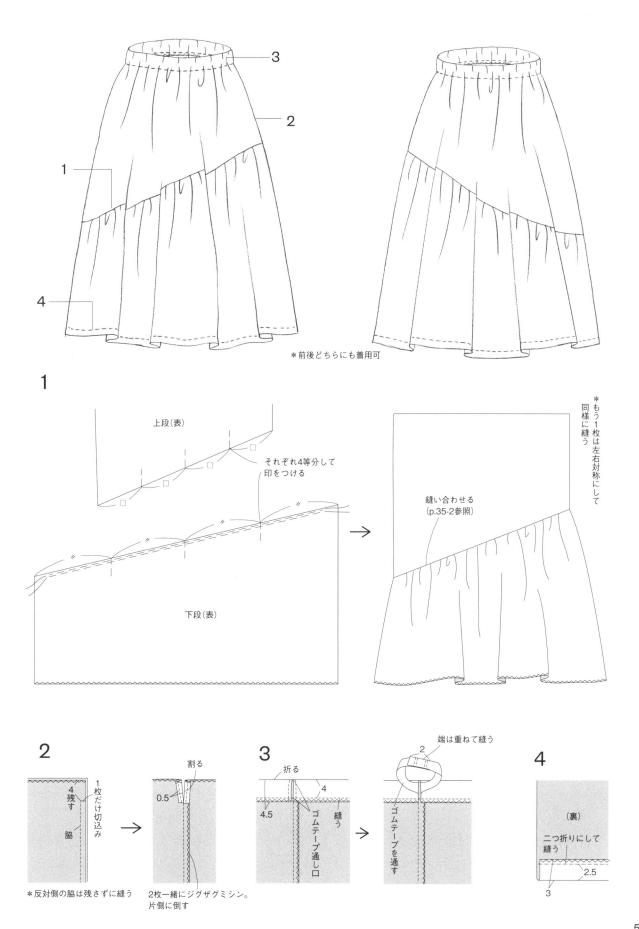

＊前後どちらにも着用可

1

上段（表）

それぞれ4等分して
印をつける

下段（表）

＊もう1枚は左右対称にして同様に縫う

縫い合わせる
（p.35-2参照）

2

割る

0.5

1枚だけ切込み

4
残す

脇

2枚一緒にジグザグミシン。
片側に倒す

＊反対側の脇は残さずに縫う

3

折る

4.5

4

ゴムテープ通し口

縫う

端は重ねて縫う

2

ゴムテープを通す

4

（裏）

二つ折りにして
縫う

2.5

3

*文中、図中の5つ並んだ数字は、サイズS、M、L、2L、3L。
　1つは共通

出来上り寸法

バスト…約113、117、121、125、129cm
ゆき…60.5cm
着丈…前＝51.5cm、後ろ＝59.5cm

材料

布[コットンデニム]…151cm幅140cm
接着芯…40×10cm
ステッチ用ミシン糸(30番)

作り方

準備　袖口の縫い代を折る(図参照)
1　肩を縫い、縫い代は割る。衿ぐりと肩に
　　ステッチをかける(図参照)
2　スリットを残して袖下から脇を縫い、
　　縫い代は割る(図参照)
3　スリットの始末をして裾を縫う(図参照)
4　袖口を二つ折りにして縫い、
　　肩側と袖下を縫いとめる(図参照)

裁合せ図

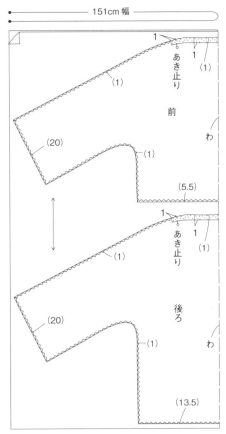

*( )の数字は図に含まれる縫い代分
*▭＝接着芯(裏にはる)
*〰〰 ジグザグミシンをかけておく

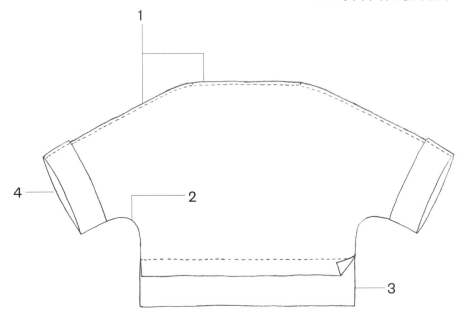

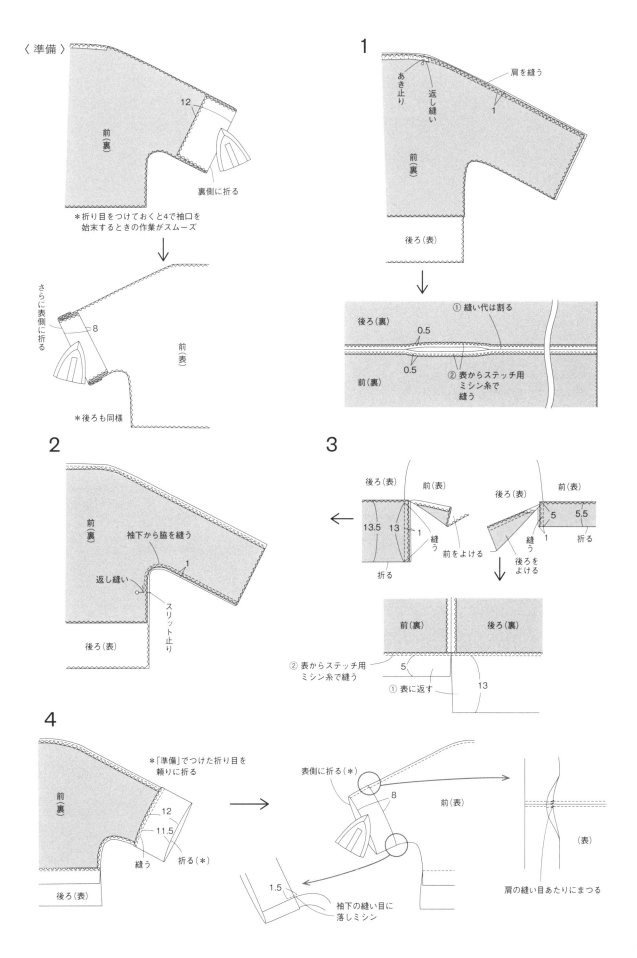

〈 準備 〉

前（裏）

12

裏側に折る

＊折り目をつけておくと4で袖口を
始末するときの作業がスムーズ

さらに表側に折る

8

前（表）

＊後ろも同様

1

あき止り
返し縫い
肩を縫う

前（裏）

1

後ろ（表）

後ろ（裏）

① 縫い代は割る

0.5

0.5

② 表からステッチ用
ミシン糸で
縫う

前（裏）

2

前（裏）

袖下から脇を縫う

返し縫い

1

スリット止り

後ろ（表）

3

後ろ（表）　前（表）

13.5　13　1
縫う
折る　　　前をよける

後ろ（表）　前（表）

5　5.5
縫う　1　折る
後ろをよける

前（裏）　後ろ（裏）

② 表からステッチ用
ミシン糸で縫う

5

① 表に返す　13

4

前（裏）

＊「準備」でつけた折り目を
頼りに折る

12
11.5
縫う　折る（＊）

後ろ（表）

表側に折る（＊）

8

前（表）

（表）

肩の縫い目あたりにまつる

1.5

袖下の縫い目に
落しミシン

＊文中、図中の5つ並んだ数字は、サイズS、M、L、2L、3L。
　1つは共通

出来上り寸法

ウエスト…103、107、111、115、119cm
ヒップ…107、111、115、119、123cm
パンツ丈…99、99.5、100、100.5、101cm

材 料

布[K＝コットンデニム]…151cm幅200cm
布[N＝化繊ブッチャー]…110cm幅240cm
接着芯…10×20cm
ゴムテープ…3cm幅70、70、80、80、90cm
ロープ…太さ0.7cmを120、130、130、140、140cm
Kのみステッチ用ミシン糸（30番）

作り方

1　前にボタンホールを作る（図参照）
2　袋布をつけて脇を縫う（図参照）
3　股下を縫う（図参照）
4　股上を縫う（図参照）
5　ウエストを二つ折りにして縫い、ゴムテープを
　通す（図参照）
6　ロープを通す（図参照）
7　裾を二つ折りにして縫う（図参照）

裁合せ図（N）

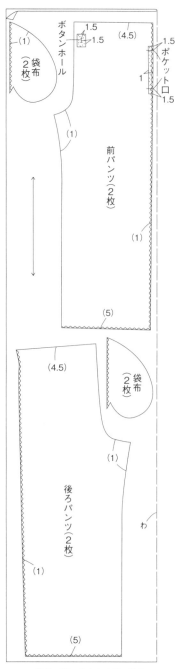

110cm 幅

ボタンホール
1.5　1.5　(4.5)　1.5
(1)　ポケット口　1.5
袋布（2枚）　1
前パンツ（2枚）
(1)
(1)
(5)

(4.5)
袋布（2枚）
(1)
後ろパンツ（2枚）
(1)
わ
(5)

＊( )の数字は図に含まれる縫い代分
＊▨＝接着芯（裏にはる）
＊〰〰 ジグザグミシンをかけておく

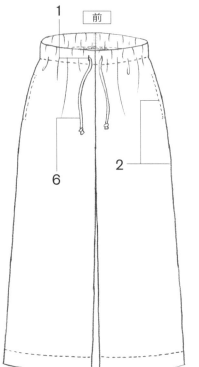

前

1
6
2

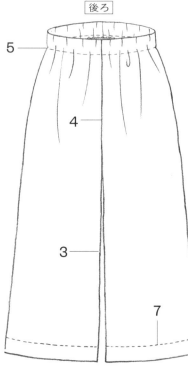

後ろ

5
4
3
7

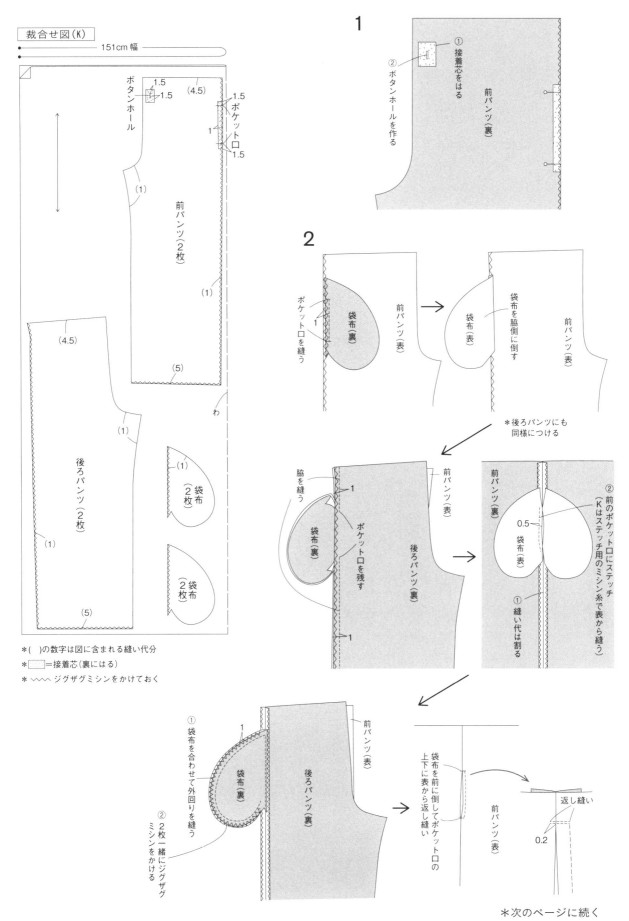

裁合せ図（K）

151cm幅

ボタンホール
1.5
1.5
（4.5）
1.5
ポケット口
1
1.5

前パンツ（2枚）

（1）

（1）

（1）

（4.5）

（5）

わ

（1）

（1）

後ろパンツ（2枚）

（1）

（1）
袋布
（2枚）

（1）

袋布
（2枚）

（5）

*（　）の数字は図に含まれる縫い代分

* ▭＝接着芯（裏にはる）

*〰〰 ジグザグミシンをかけておく

1

① 接着芯をはる

② ボタンホールを作る

前パンツ（裏）

2

ポケット口を縫う

袋布（裏）
1

前パンツ（表）

袋布を脇側に倒す

袋布（表）

前パンツ（表）

＊後ろパンツにも同様につける

脇を縫う
1

袋布（裏）

ポケット口を残す

後ろパンツ（裏）

前パンツ（表）

1

② 前のポケット口にステッチ（Kはステッチ用のミシン糸で表から縫う）

前パンツ（裏）

0.5

袋布（表）

① 縫い代は割る

前パンツ（表）

① 袋布を合わせて外回りを縫う

1

袋布（裏）

② 2枚一緒にジグザグミシンをかける

後ろパンツ（裏）

前パンツ（表）

袋布を前に倒してポケット口の上下に表から返し縫い

前パンツ（表）

返し縫い

0.2

＊次のページに続く

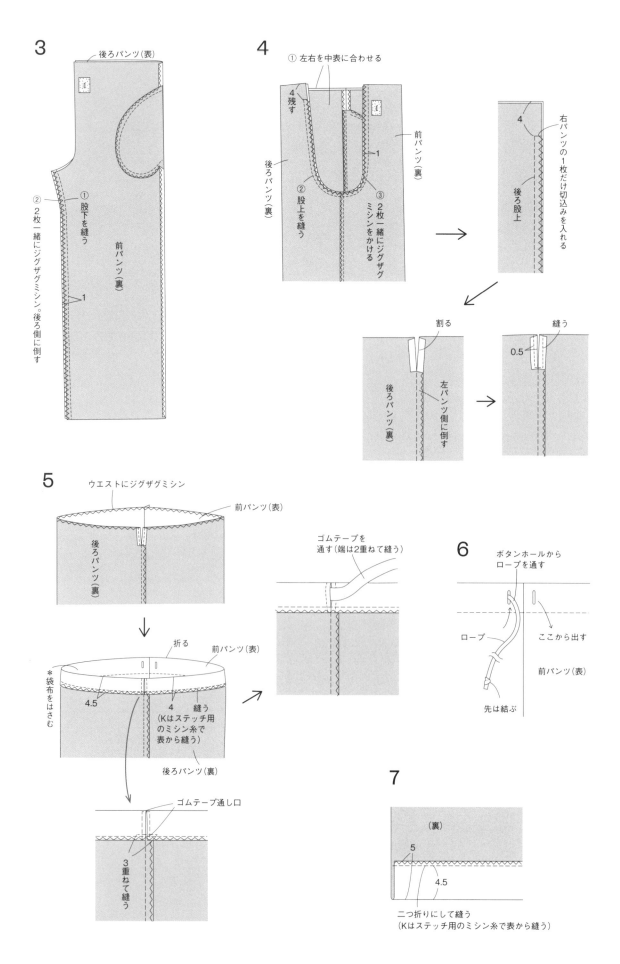

3

後ろパンツ(表)

② 2枚一緒にジグザグミシン。後ろ側に倒す

① 股下を縫う

前パンツ(裏)

1

4

① 左右を中表に合わせる

4 残す

② 股上を縫う

③ 2枚一緒にジグザグミシンをかける

後ろパンツ(裏)

前パンツ(裏)

1

4

右パンツの1枚だけ切込みを入れる

後ろ股上

割る

縫う

0.5

後ろパンツ(裏)

左パンツ側に倒す

5

ウエストにジグザグミシン

前パンツ(表)

後ろパンツ(裏)

折る

前パンツ(表)

*袋布をはさむ

4.5

4

縫う
(Kはステッチ用のミシン糸で表から縫う)

後ろパンツ(裏)

ゴムテープ通し口

3重ねて縫う

ゴムテープを通す(端は2重ねて縫う)

6

ボタンホールからロープを通す

ロープ

ここから出す

前パンツ(表)

先は結ぶ

7

(裏)

5

4.5

二つ折りにして縫う
(Kはステッチ用のミシン糸で表から縫う)

photo_p.27　ボトルネックのワンピース

実物大パターン**C**面

＊文中、図中の5つ並んだ数字は、サイズS、M、L、2L、3L。
　1つは共通

出来上り寸法

バスト…90、94、98、102、106cm
ゆき…71、71.5、72、72.5、73cm
着丈…113.5cm

材　料

布[ニットメルトン]…
　155cm幅190、190、190、200、210cm
接着芯…30×20cm
コンシールファスナー…20cm
アイロン両面接着テープ…0.5cm幅50cm
ファスナー用押さえ金

作り方

1〜8　p.68参照

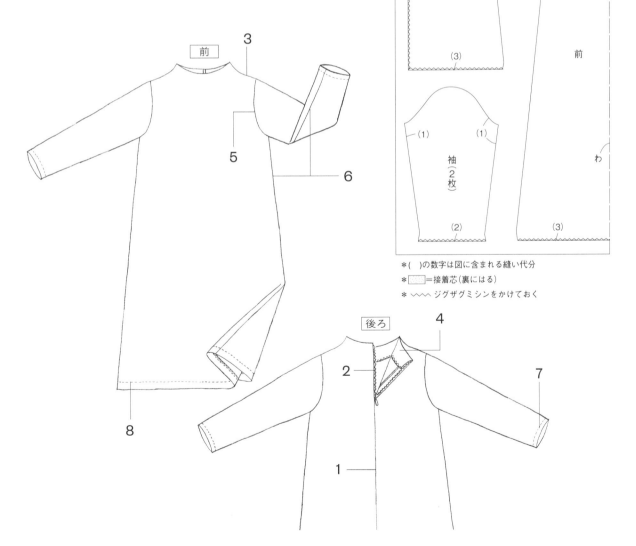

＊( )の数字は図に含まれる縫い代分
＊▨▨▨=接着芯(裏にはる)
＊〜〜〜ジグザグミシンをかけておく

M photo_p.16　ポケットつきジレ

＊文中、図中の5つ並んだ数字は、サイズS、M、L、2L、3L。
　1つは共通

| 出来上り寸法 |

バスト…102、106、110、114、118cm
ゆき…18、18.5、19、19.5、20cm
着丈…68.5cm

| 材　料 |

布[ストレッチツイル]…145cm幅160cm
接着芯…90cm幅120cm

| 作り方 |

1　ポケットを作り、つける(図参照)
2　肩を縫う(p.35-3参照。ジグザグミシンは
　　かけない)
3　見返しで衿ぐりと前端、袖ぐりを始末する
　　(図参照)
4　見返しから続けて脇を縫う(図参照)
5　前端、衿ぐりにステッチをかける
6　裾を二つ折りにして縫う(図参照)

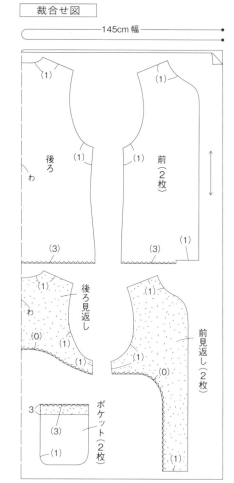

裁合せ図

＊(　)の数字は図に含まれる縫い代分
＊□=接着芯(裏にはる)
＊〜〜〜 ジグザグミシンをかけておく

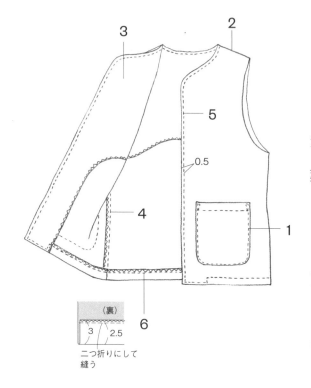

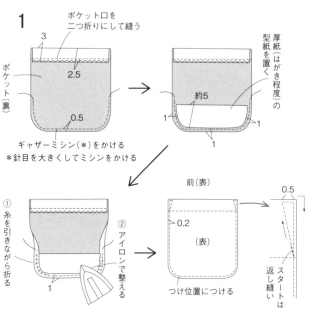

3

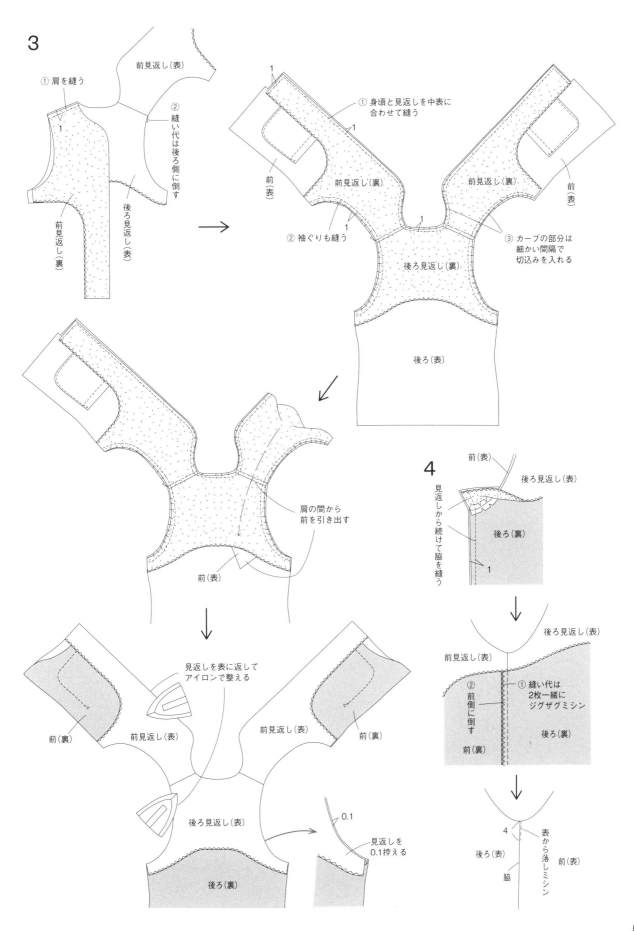

① 肩を縫う

1

前見返し（表）

② 縫い代は後ろ側に倒す

前見返し（裏）

後ろ見返し（表）

① 身頃と見返しを中表に合わせて縫う

1

前（表）

前見返し（裏）

1

② 袖ぐりも縫う

後ろ見返し（裏）

前見返し（裏）

前（表）

③ カーブの部分は細かい間隔で切込みを入れる

後ろ（表）

肩の間から前を引き出す

前（表）

見返しを表に返してアイロンで整える

前（裏）

前見返し（表）

前見返し（表）

前（裏）

後ろ見返し（表）

後ろ（裏）

0.1

見返しを0.1控える

4

前（表）

後ろ見返し（表）

見返しから続けて脇を縫う

後ろ（裏）

1

前見返し（表）

後ろ見返し（表）

② 前側に倒す

① 縫い代は2枚一緒にジグザグミシン

前（裏）

後ろ（裏）

4

後ろ（表）

前（表）

脇

表から落しミシン

59

＊文中、図中の5つ並んだ数字は、サイズS、M、L、2L、3L。
　1つは共通

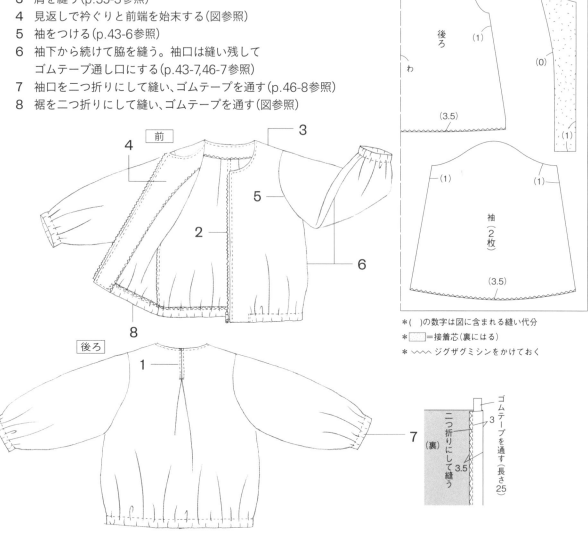

裁合せ図

135cm幅

前（2枚）

後ろ衿ぐり見返し

（1）

（0）

わ

前見返し（2枚）

（1）

（0）

後ろ

（1）

わ

（3.5）

（1）

袖（2枚）

（3.5）

出来上り寸法

バスト…110、114、118、122、126cm
ゆき…70.5、71、71.5、72、72.5cm
着丈…62.5cm

材料

布[ストレッチワッシャー]…
　135cm幅200、200、200、210、210cm
接着芯…40×80cm
ゴムテープ…2cm幅130、140、140、150、150cm
オープンファスナー…50cm
ファスナー用押さえ金

作り方

1　後ろ中心のプリーツを縫う（図参照）
2　オープンファスナーを前端につける（図参照）
3　肩を縫う（p.35-3参照）
4　見返しで衿ぐりと前端を始末する（図参照）
5　袖をつける（p.43-6参照）
6　袖下から続けて脇を縫う。袖口は縫い残して
　　ゴムテープ通し口にする（p.43-7,46-7参照）
7　袖口を二つ折りにして縫い、ゴムテープを通す（p.46-8参照）
8　裾を二つ折りにして縫い、ゴムテープを通す（図参照）

＊（　）の数字は図に含まれる縫い代分
＊▨＝接着芯（裏にはる）
＊〰〰 ジグザグミシンをかけておく

前

4

3

5

2

6

8

後ろ

1

7

ゴムテープを通す（長さ25）

3

二つ折りにして縫う

3.5

（裏）

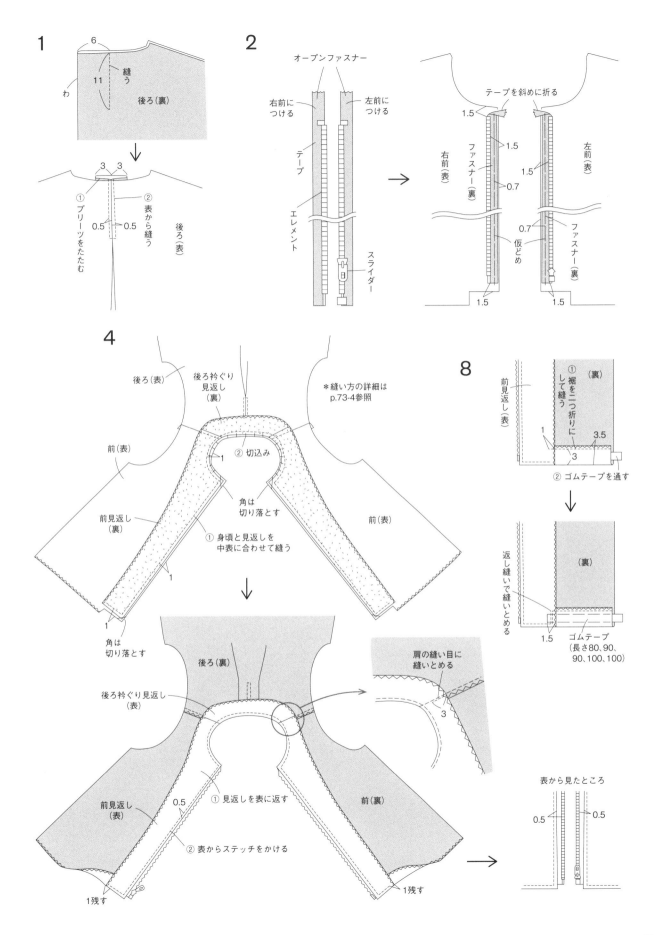

1

6

縫う

11

わ

後ろ（裏）

3　3

① プリーツをたたむ

② 表から縫う

0.5　0.5

後ろ（表）

2

オープンファスナー

右前につける

左前につける

テープ

エレメント

スライダー

テープを斜めに折る

1.5

1.5

0.7

右前（表）

ファスナー（裏）

左前（表）

ファスナー（裏）

仮どめ

0.7

1.5　1.5

4

後ろ（表）

後ろ衿ぐり見返し（裏）

＊縫い方の詳細は p.73-4参照

前（表）

② 切込み

1

角は切り落とす

前見返し（裏）

① 身頃と見返しを中表に合わせて縫う

1

前（表）

1

角は切り落とす

後ろ（裏）

後ろ衿ぐり見返し（表）

肩の縫い目に縫いとめる

3

前見返し（表）

① 見返しを表に返す

0.5

② 表からステッチをかける

前（裏）

1残す

1残す

表から見たところ

0.5　0.5

8

前見返し（表）

① 裾を二つ折りにして縫う

（裏）

1

3.5

3

② ゴムテープを通す

（裏）

返し縫いで縫いとめる

1.5

ゴムテープ（長さ80、90、90、100、100）

P photo_p.20　**ジョッパーズ**

実物大パターン **C**面

＊文中、図中の5つ並んだ数字は、サイズS、M、L、2L、3L。
　1つは共通

出来上り寸法

ウエスト…92、96、100、104、108cm

ヒップ…122、126、130、134、138cm

パンツ丈…95cm

材 料

布[ストレッチワッシャー]…
　135cm幅210、210、210、220、220cm

接着芯…20×20cm

ゴムテープ…3cm幅70、70、80、80、90cm

作り方

1　ポケットを作り、つける(図、p.36-1参照)

2　袋布をつけて脇を縫う(p.55-2参照)

3　タックをたたむ(図参照)

4　股下を縫う(p.56-3参照)

5　股上を縫う(p.56-4参照。上端まで縫う)

6　ウエストベルトを作り、パンツにつける(図参照)。
　ゴムテープを通す(p.67-3参照)

7　裾を三つ折りにして縫う

製 図

ウエストベルト

47、49、51、53、55

10

わ

裁合せ図

135cm 幅

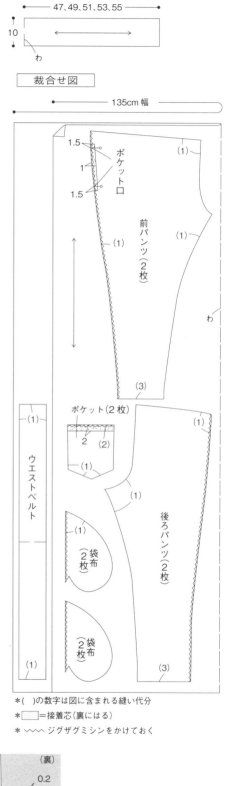

＊( )の数字は図に含まれる縫い代分

＊▨＝接着芯(裏にはる)

＊〰 ジグザグミシンをかけておく

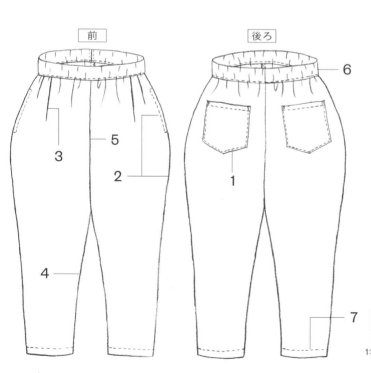

前　後ろ

(裏)

0.2

三つ折りにして縫う

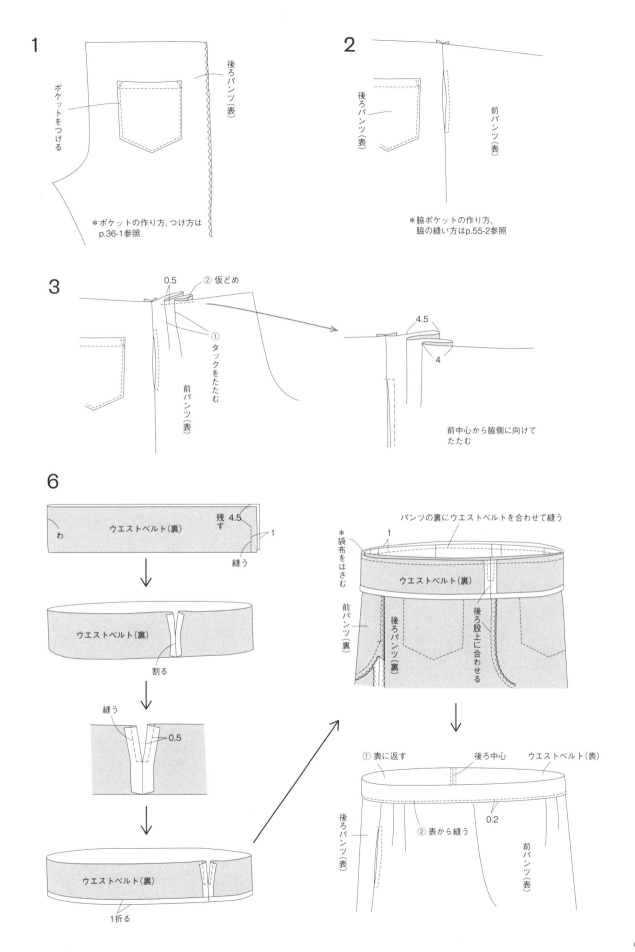

1

ポケットをつける

後ろパンツ(表)

＊ポケットの作り方、つけ方は
p.36-1参照

2

後ろパンツ
(表)

前パンツ(表)

＊脇ポケットの作り方、
脇の縫い方はp.55-2参照

3

0.5

② 仮どめ

① タックをたたむ

前パンツ(表)

4.5

4

前中心から脇側に向けて
たたむ

6

残す 4.5

わ

ウエストベルト(裏)

1

縫う

ウエストベルト(裏)

割る

縫う

0.5

ウエストベルト(裏)

1折る

パンツの裏にウエストベルトを合わせて縫う

＊袋布をはさむ

1

ウエストベルト(裏)

前パンツ(裏)

後ろパンツ(裏)

後ろ股上に合わせる

① 表に返す

後ろ中心

ウエストベルト(表)

後ろパンツ(表)

② 表から縫う

0.2

前パンツ(表)

Q photo_p.22　ふんわりプルオーバー

実物大パターン d 面

＊文中、図中の5つ並んだ数字は、サイズS、M、L、2L、3L。
　1つは共通

出来上り寸法

バスト…124、128、132、136、140cm
ゆき…33、33.5、34、34.5、35cm
着丈…60.5cm

材　料

布[ポンチニットライト]…
　145cm幅90、90、90、120、120cm
接着芯…10×20cm
バイアステープ(両折り)…12.7mm幅60cm
ボタン…直径1.3cmを1個
テープ…0.5cm幅6cm
レジロン糸、11番ミシン針

作り方

1　後ろあきを作る(図参照)
2　肩を縫う(図参照)
3　衿ぐりをバイアステープで始末する(図参照)
4　脇を縫い、2枚一緒にジグザグミシンを
　　かけて前側に倒す
5　袖口に袖口布をつける(図参照)
6　裾に裾布をつける(図参照)
7　ボタンをつける

製　図

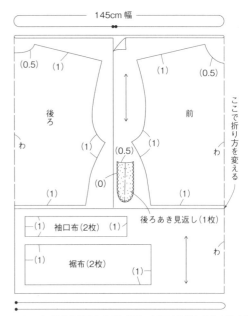

38.5、39、39.5、40、40.5

7　｜↑　袖口布(2枚)

46、48、50、52、54

14　｜↑　裾布(2枚)

裁合せ図

145cm 幅

(0.5)　(1)　(1)　(0.5)
後ろ　前
わ
(1)　(0.5)　(1)
(0)
(1)　(1)
ここで折り方を変える
わ
後ろあき見返し(1枚)
(1)　袖口布(2枚)　(1)
(1)　裾布(2枚)　(1)

＊2L、3L は前と後ろを上下に置き、袖口布と裾布はその横で裁つ
＊(　)の数字は図に含まれる縫い代分
＊▢=接着芯(裏にはる)
＊〰〰 ジグザグミシンをかけておく

前

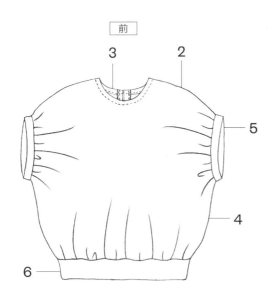

3　2
5
4
6

後ろ

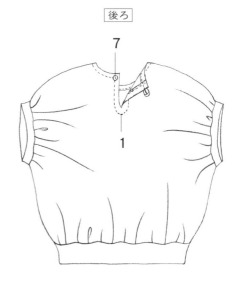

7
1

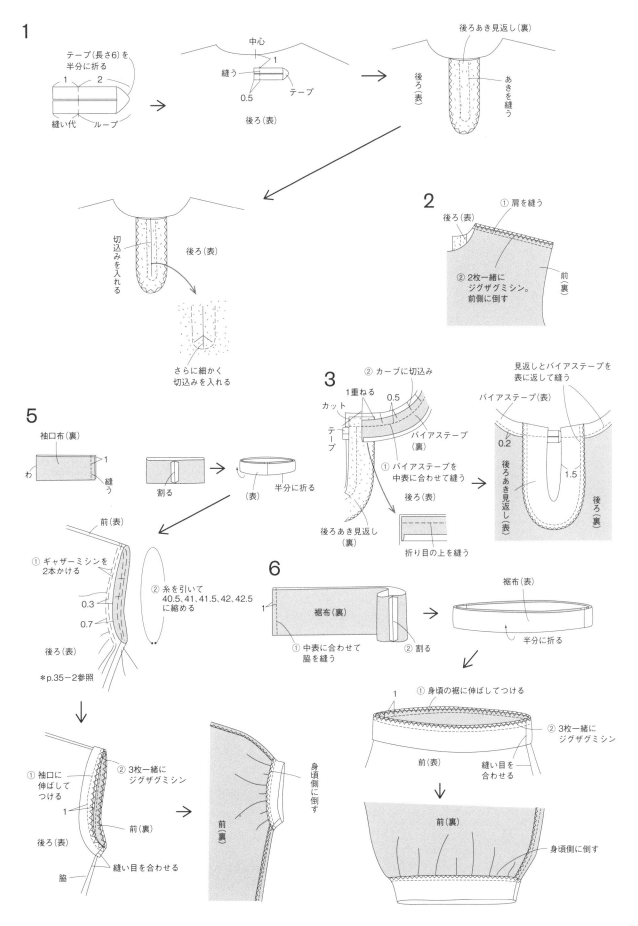

1

テープ（長さ6）を半分に折る

1 2
縫い代 ループ

中心
縫う
0.5
テープ
後ろ（表）

後ろあき見返し（裏）
後ろ（表）
あきを縫う

切込みを入れる
後ろ（表）

さらに細かく切込みを入れる

2

① 肩を縫う
後ろ（表）
前（裏）
② 2枚一緒にジグザグミシン。前側に倒す。

3

② カーブに切込み
1重ねる
0.5
カット
テープ
バイアステープ（裏）
① バイアステープを中表に合わせて縫う
後ろ（表）
後ろあき見返し（裏）
折り目の上を縫う

見返しとバイアステープを表に返して縫う
バイアステープ（表）
0.2
後ろあき見返し（表）
1.5
後ろ（裏）

5

袖口布（裏）
わ
縫う
1
割る
（表）
半分に折る

前（表）
① ギャザーミシンを2本かける
0.3
0.7
後ろ（表）
*p.35−2参照

② 糸を引いて40.5、41、41.5、42、42.5に縮める

6

裾布（裏）
1
① 中表に合わせて脇を縫う
② 割る

裾布（表）
半分に折る

① 身頃の裾に伸ばしてつける
1
前（表）
② 3枚一緒にジグザグミシン
縫い目を合わせる

① 袖口に伸ばしてつける
② 3枚一緒にジグザグミシン
1
後ろ（表）
前（裏）
縫い目を合わせる
脇

前（裏）
身頃側に倒す

前（裏）
身頃側に倒す

R,T photo_p.22,23 タックギャザースカート

＊S、M、L、2L、3Lに共通の1サイズ

出来上り寸法

ウエスト…108cm
ヒップ…216cm
スカート丈…82cm

材料

布[R＝化繊グログラン]…112cm幅190cm
布[T＝ウェザーストレッチ]…120cm幅190cm
ゴムテープ…3cm幅70、70、80、80、90cm

作り方

1 タックをたたむ(図参照)
2 脇を縫う(図参照)
3 ウエストベルトを作り、つける。
　 ゴムテープを通す(図参照)
4 裾を二つ折りにして縫う(図参照)

製図

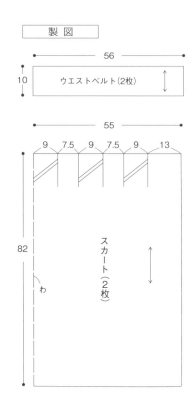

裁合せ図 R,T

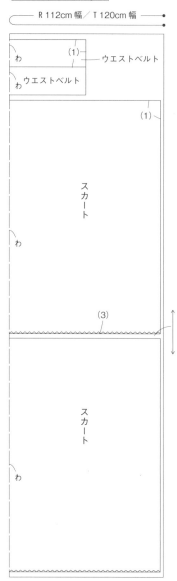

＊( )の数字は図に含まれる縫い代分
＊〜〜〜 ジグザグミシンをかけておく

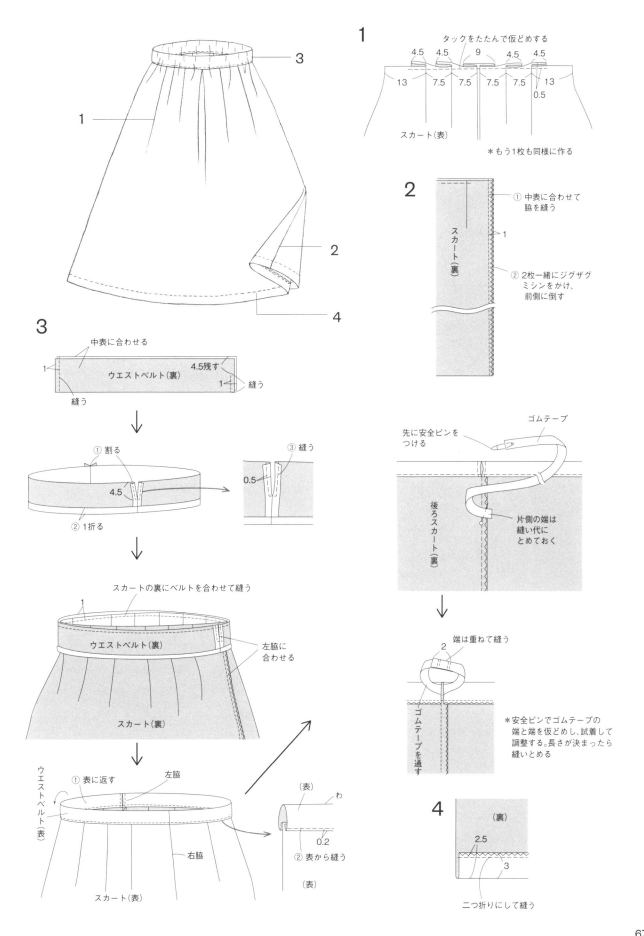

1

タックをたたんで仮どめする

4.5　4.5　9　4.5　4.5

13　7.5　7.5　7.5　7.5　13
0.5

スカート(表)

＊もう1枚も同様に作る

2

スカート(裏)

① 中表に合わせて
脇を縫う

1

② 2枚一緒にジグザグ
ミシンをかけ、
前側に倒す

3

中表に合わせる

1

ウエストベルト(裏)

4.5残す

1
縫う

縫う

① 割る

② 1折る

4.5

③ 縫う

0.5

スカートの裏にベルトを合わせて縫う

1

ウエストベルト(裏)

左脇に
合わせる

スカート(裏)

① 表に返す

左脇

ウエストベルト(表)

右脇

(表)

わ

0.2

② 表から縫う

(表)

スカート(表)

先に安全ピンを
つける

ゴムテープ

後ろスカート(裏)

片側の端は
縫い代に
とめておく

端は重ねて縫う

2

ゴムテープを通す

＊安全ピンでゴムテープの
端と端を仮どめし、試着して
調整する。長さが決まったら
縫いとめる

4

(裏)

2.5

3

二つ折りにして縫う

67

＊文中、図中の5つ並んだ数字は、サイズS、M、L、2L、3L。
　1つは共通

【出来上り寸法】

バスト…90、94、98、102、106cm
ゆき…37、37.5、38、38.5、39cm
着丈…57cm

【材　料】

布[ポンチニットライト]…
　　145cm幅100、100、100、100、110cm
接着芯…30×20cm
コンシールファスナー…20cm
アイロン両面接着テープ…0.5cm幅50cm
レジロン糸、11番ミシン針
ファスナー用押さえ金

【作り方】

1　あきを残して後ろ中心を縫う（図参照）
2　コンシールファスナーをつける（図参照）
3　肩を縫う（p.35-3参照）
4　衿ぐりを見返しで始末する（図参照）
5　袖をつける（p.74-5参照）
6　袖下から続けて脇を縫う（p.74-6参照）
7　袖口を二つ折りにして縫う（図参照）
8　裾を二つ折りにして縫う（図参照）

【裁合せ図】

＊( )の数字は図に含まれる縫い代分
＊□=接着芯（裏にはる）
＊〜〜〜 ジグザグミシンをかけておく

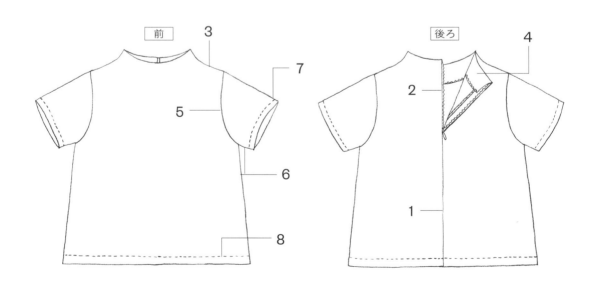

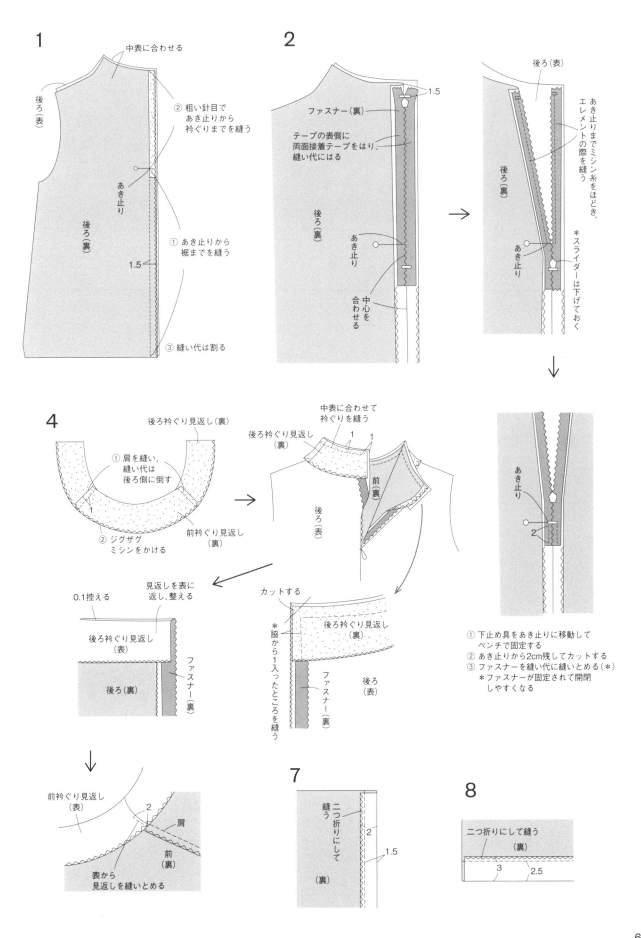

1

中表に合わせる

後ろ（表）

② 粗い針目で
あき止りから
衿ぐりまでを縫う

あき止り

後ろ（裏）

① あき止りから
裾までを縫う

1.5

③ 縫い代は割る

2

ファスナー（裏）

テープの表側に
両面接着テープをはり、
縫い代にはる

後ろ（裏）

あき止り

中心を
合わせる

1.5

後ろ（表）

あき止りまでミシン糸をほどき、
エレメントの際を縫う

後ろ（裏）

あき止り

＊スライダーは下げておく

あき止り

2

① 下止め具をあき止りに移動して
ペンチで固定する
② あき止りから2cm残してカットする
③ ファスナーを縫い代に縫いとめる（＊）
＊ファスナーが固定されて開閉
しやすくなる

4

後ろ衿ぐり見返し（裏）

① 肩を縫い、
縫い代は
後ろ側に倒す

1

② ジグザグ
ミシンをかける

前衿ぐり見返し
（裏）

中表に合わせて
衿ぐりを縫う

後ろ衿ぐり見返し
（裏）

1 1

前（裏）

後ろ（表）

0.1控える

見返しを表に
返し、整える

後ろ衿ぐり見返し
（表）

後ろ（裏）

ファスナー（裏）

カットする

後ろ衿ぐり見返し
（裏）

＊脇から1入ったところを縫う

ファスナー（裏）

後ろ（表）

前衿ぐり見返し
（表）

2

肩

前（裏）

表から
見返しを縫いとめる

7

二つ折りにして縫う

2

1.5

（裏）

8

二つ折りにして縫う
（裏）

3   2.5

＊文中、図中の5つ並んだ数字は、サイズS、M、L、2L、3L。
　1つは共通

【出来上り寸法】
ウエスト…92、96、100、104、108cm
ヒップ…116、120、124、128、132cm
パンツ丈…97、97.5、98、98.5、99cm

【材料】
布[混紡ストレッチ]…138cm幅220cm
インサイドベルト…4cm幅30、30、40、40、40cm
ゴムテープ…3cm幅40、50、50、60、60cm
接着芯…5×20cm

【作り方】
1　袋布をつけて脇を縫う(p.55-2参照)
2　タックをたたむ(図参照)
3　股下を縫う(p.56-3参照)
4　股上を縫う(p.56-4参照。上端まで縫う)
5　ウエストベルトを作り、つける。
　　後ろウエストベルトにゴムテープを通す(図参照)
6　ベルト通しを作り、つける(図参照)
7　裾を二つ折りにして縫う
8　脇と股下の縫い目を合わせて折り、
　　アイロンで折り目をつける

【製図】

前ウエストベルト
28、30、32、34、36

後ろウエストベルト
34、35、36、37、38

【裁合せ図】

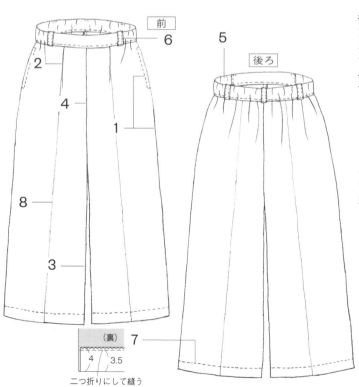

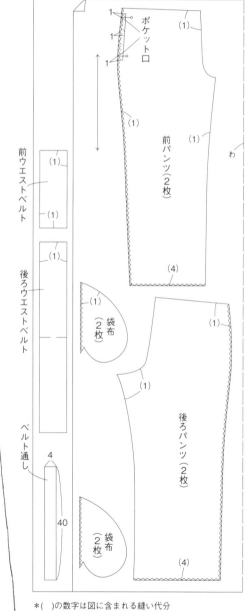

＊( )の数字は図に含まれる縫い代分
＊▭=接着芯(裏にはる)
＊〜〜〜＝ジグザグミシンをかけておく

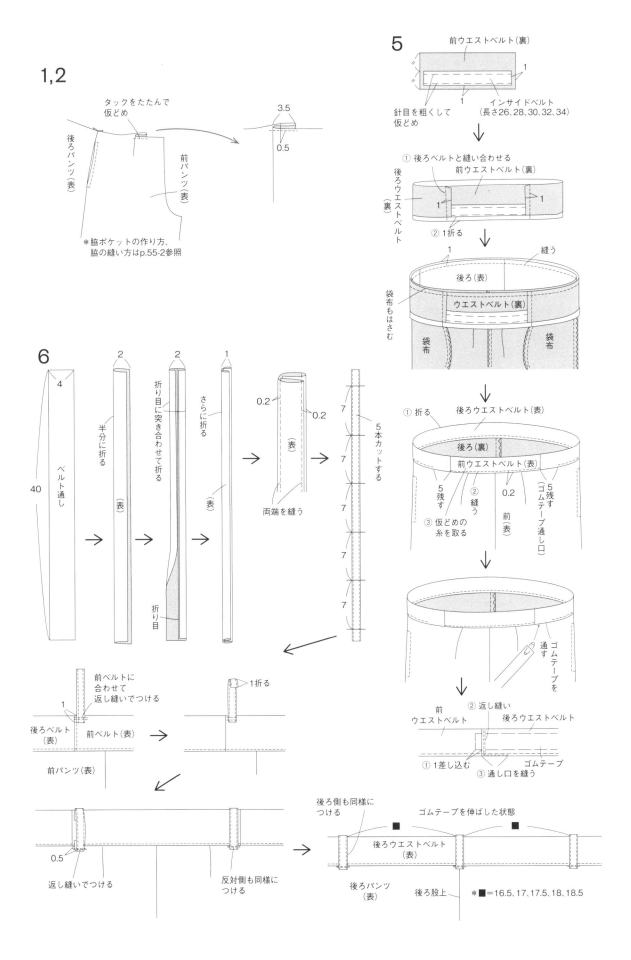

1,2

タックをたたんで仮どめ

後ろパンツ（表）

前パンツ（表）

3.5
0.5

＊脇ポケットの作り方、脇の縫い方はp.55-2参照

5

前ウエストベルト（裏）

1

針目を粗くして仮どめ

インサイドベルト（長さ26、28、30、32、34）

① 後ろベルトと縫い合わせる
前ウエストベルト（裏）

後ろウエストベルト（裏）

1　　1

② 1折る

1　　縫う

後ろ（表）

ウエストベルト（裏）

袋布もはさむ

袋布　　袋布

① 折る　後ろウエストベルト（表）

後ろ（裏）

前ウエストベルト（表）

5残す　②　縫う　0.2　前（表）　5残す（ゴムテープ通し口）

③ 仮どめの糸を取る

ゴムテープを通す

前ウエストベルト　② 返し縫い　後ろウエストベルト

① 1差し込む　ゴムテープ
③ 通し口を縫う

6

4

ベルト通し

40

半分に折る

（表）

2

折り目に突き合わせて折る

（表）

2

折り目

さらに折る

（表）

1

0.2　（表）　0.2

両端を縫う

7
7
7
7
7

5本カットする

前ベルトに合わせて返し縫いでつける

1

後ろベルト（表）　前ベルト（表）

前パンツ（表）

1折る

0.5

返し縫いでつける　　反対側も同様につける

後ろ側も同様につける　ゴムテープを伸ばした状態

■　■

後ろウエストベルト（表）

後ろパンツ（表）　後ろ股上　＊■＝16.5、17、17.5、18、18.5

＊文中、図中の5つ並んだ数字は、サイズS、M、L、2L、3L。
　1つは共通

出来上り寸法

バスト…104、108、112、116、120cm
ゆき…65.5、66、66.5、67、67.5cm
着丈…60.5cm

材料

布［ストレッチツイード］…
　　120cm幅140、140、140、150、150cm
別布［ストレッチツイル］…140cm幅70cm
接着芯…40×70cm
ボタン…直径1cm、2.2cmを各2個

作り方

1　前と前縁とり布を縫い合わせる（図参照）
2　ポケットを作り、つける（図、p.58-1参照）
3　肩を縫う（p.35-3参照）
4　見返しで衿ぐりと前端を始末する（図参照）
5　袖をつける（図参照）
6　袖下から続けて脇を縫う（図参照）
7　袖口を二つ折りにして縫う（図参照）
8　裾を二つ折りにして縫う（図参照）
9　ポケットにボタンをつける（図参照）

裁合せ図

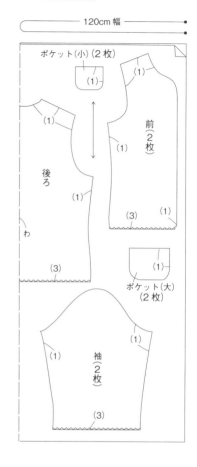

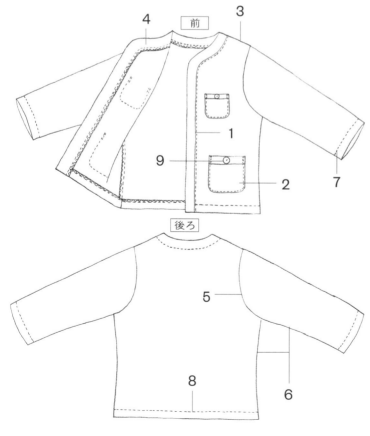

裁合せ図（別布）

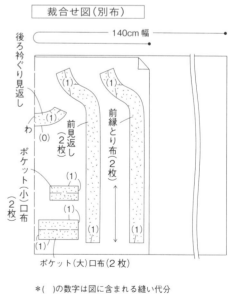

＊（　）の数字は図に含まれる縫い代分
＊▨ ＝接着芯（裏にはる）
＊〰〰 ジグザグミシンをかけておく

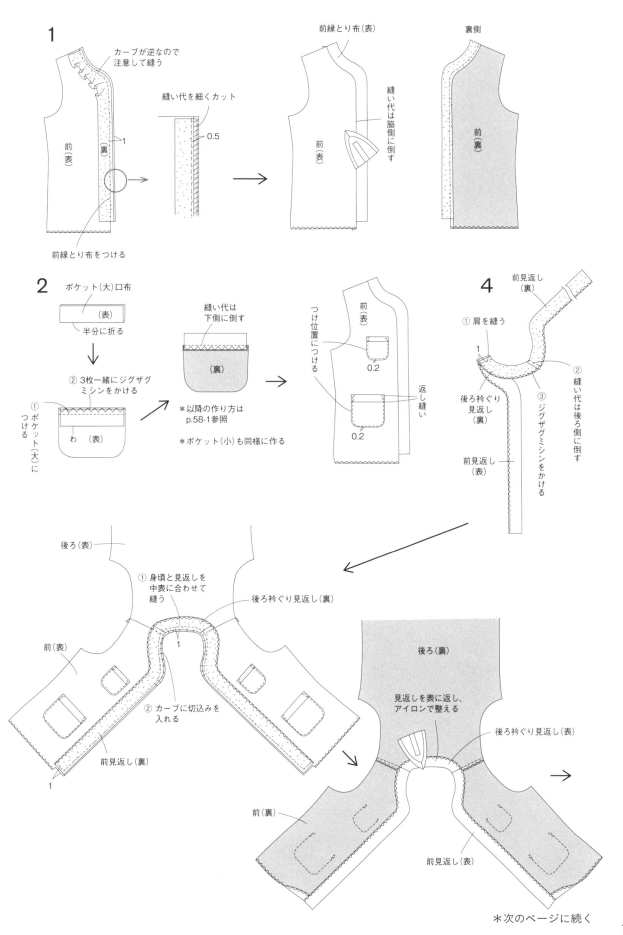

1

カーブが逆なので
注意して縫う

縫い代を細くカット

0.5

前（表）　（裏）1

前縁とり布をつける

前縁とり布（表）

縫い代は脇側に倒す

前（表）

裏側

前（裏）

2

ポケット（大）口布

（表）

半分に折る

② 3枚一緒にジグザグ
ミシンをかける

① ポケット（大）につける

わ　（表）

縫い代は
下側に倒す

（裏）

＊以降の作り方は
p.58-1参照

＊ポケット（小）も同様に作る

つけ位置につける

前（表）

0.2

返し縫い

0.2

4

前見返し（裏）

① 肩を縫う

1

後ろ衿ぐり見返し（裏）

② 縫い代は後ろ側に倒す

③ ジグザグミシンをかける

前見返し（表）

後ろ（表）

① 身頃と見返しを
中表に合わせて
縫う

後ろ衿ぐり見返し（裏）

前（表）

1

② カーブに切込みを入れる

前見返し（裏）

1

後ろ（裏）

見返しを表に返し、
アイロンで整える

後ろ衿ぐり見返し（表）

前（裏）

前見返し（表）

＊次のページに続く

73

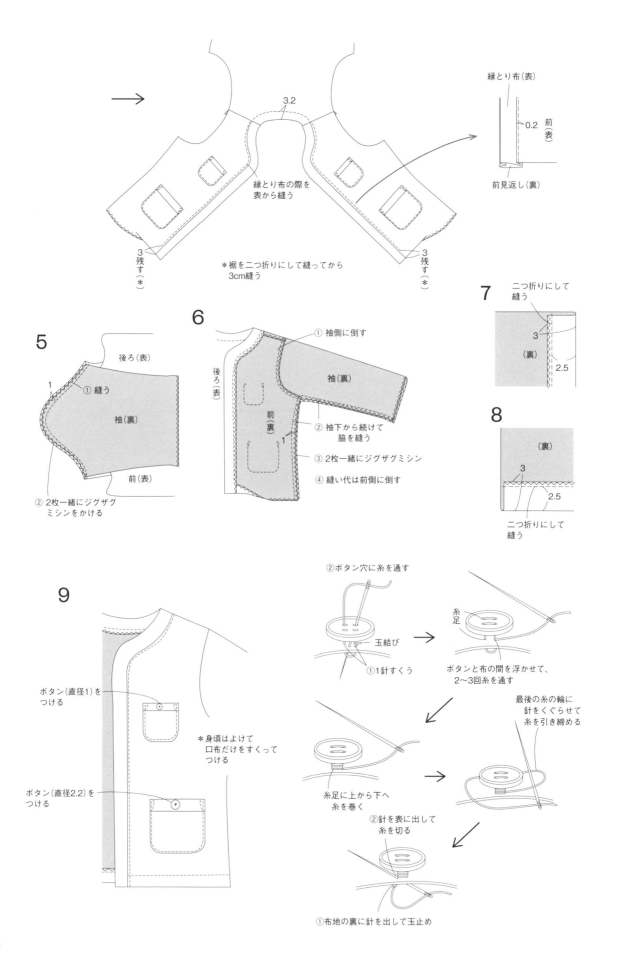

3.2

縁とり布（表）

0.2　前（表）

前見返し（裏）

縁とり布の際を
表から縫う

3残す（*）

＊裾を二つ折りにして縫ってから
3cm縫う

3残す（*）

5

後ろ（表）

1

① 縫う

袖（裏）

前（表）

② 2枚一緒にジグザグ
ミシンをかける

6

① 袖側に倒す

後ろ（表）

袖（裏）

前（裏）

1

② 袖下から続けて
脇を縫う

③ 2枚一緒にジグザグミシン

④ 縫い代は前側に倒す

7

二つ折りにして
縫う

（裏）

3

2.5

8

（裏）

3

2.5

二つ折りにして
縫う

9

ボタン（直径1）を
つける

＊身頃はよけて
口布だけをすくって
つける

ボタン（直径2.2）を
つける

② ボタン穴に糸を通す

玉結び

①1針すくう

糸足

ボタンと布の間を浮かせて、
2〜3回糸を通す

最後の糸の輪に
針をくぐらせて
糸を引き締める

糸足に上から下へ
糸を巻く

② 針を表に出して
糸を切る

① 布地の裏に針を出して玉止め

＊文中、図中の5つ並んだ数字は、サイズS、M、L、2L、3L。
　1つは共通

出来上り寸法

バスト…118、122、126、130、134cm
ゆき…73、73.5、74、74.5、75cm
着丈…115cm

材　料

布[ニットメルトン]…152cm幅340cm
接着芯…90cm幅130cm
ボタン…4×4cm（角丸形）を2個
マグネットホック…直径2.2cmを2組み

作り方

1　肩を縫う（p.35-3参照）
2　見返しで衿ぐりと前端を始末する（図参照）
3　袖をつける（図、p.74-5、6参照）
4　袋布をつける（p.55-2参照）
5　ポケット口を残して袖下から続けて脇を縫う
　　（図、p.55-2、74-6参照）
6　袖口を二つ折りにして縫う（図参照）
7　裾を二つ折りにして縫う（図参照）
8　マグネットボタンをつけ、右前の表側に
　　ボタンをつける（p.74、77参照）

裁合せ図

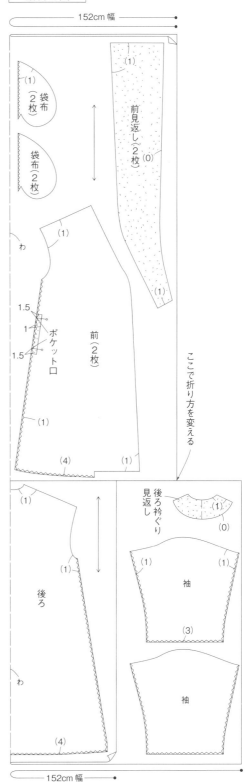

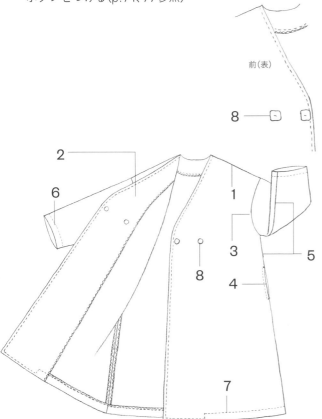

＊（　）の数字は図に含まれる縫い代分
＊ □ ＝接着芯（裏にはる）
＊ ∿∿∿ ジグザグミシンをかけておく

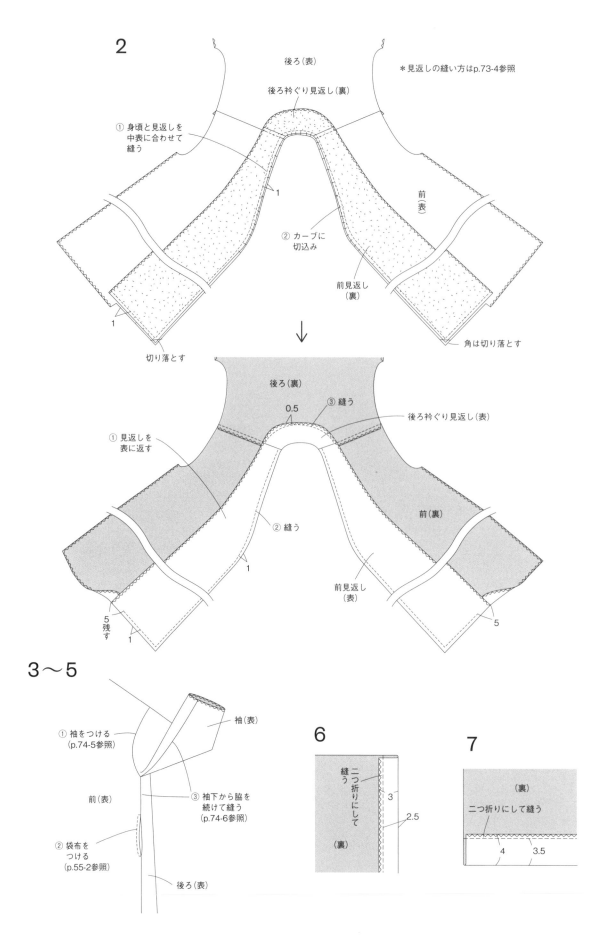

2

後ろ（表）

＊見返しの縫い方はp.73-4参照

後ろ衿ぐり見返し（裏）

① 身頃と見返しを
中表に合わせて
縫う

前（表）

② カーブに
切込み

前見返し
（裏）

1

1

角は切り落とす

切り落とす

後ろ（裏）

0.5

③ 縫う

後ろ衿ぐり見返し（表）

① 見返しを
表に返す

前（裏）

② 縫う

1

前見返し
（表）

5

5
残
す

1

3～5

① 袖をつける
（p.74-5参照）

袖（表）

前（表）

③ 袖下から脇を
続けて縫う
（p.74-6参照）

② 袋布を
つける
（p.55-2参照）

後ろ（表）

6

縫
う

二
つ
折
り
に
し
て

3

2.5

（裏）

7

（裏）

二つ折りにして縫う

4

3.5

〈 マグネットホックのつけ方 〉

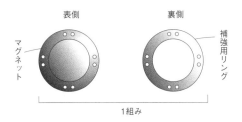

表側　　　　　裏側

マグネット

補強用リング

1組み

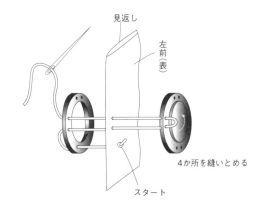

見返し

左前（表）

4か所を縫いとめる

スタート

〈 Yの場合 〉

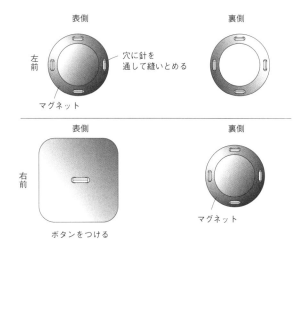

表側　　　　　裏側

左前

穴に針を
通して縫いとめる

マグネット

表側　　　　　裏側

右前

マグネット

ボタンをつける

〈 プラスナップスリムのつけ方 〉〈 G p.44 ドルマン袖のブラウスに使用 〉

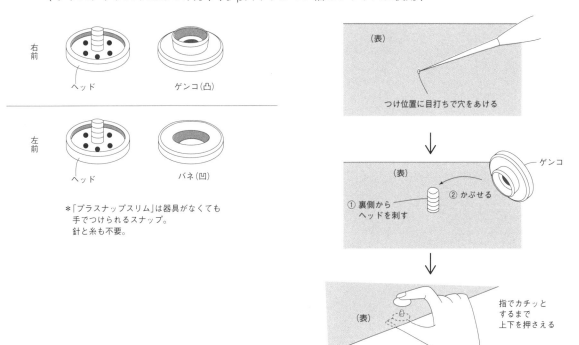

右前

ヘッド　　　　　ゲンコ（凸）

左前

ヘッド　　　　　バネ（凹）

＊「プラスナップスリム」は器具がなくても
手でつけられるスナップ。
針と糸も不要。

（表）

つけ位置に目打ちで穴をあける

（表）

ゲンコ

① 裏側から
ヘッドを刺す

② かぶせる

（表）

指でカチッと
するまで
上下を押さえる

＊文中、図中の5つ並んだ数字は、サイズS、M、L、2L、3L。
　1つは共通

出来上り寸法

ウエスト…64、68、72、76、80cm
ヒップ…約110、114、118、122、126cm
スカート丈…70.5cm

材　料

布［キルティング調ジャカード］…
　112cm幅190cm
接着芯…50×30cm
コンシールファスナー…20cm
アイロン両面接着テープ…0.5cm幅50cm
ファスナー用押さえ金

作り方

1　前中心を縫う（図参照）
2　あきを残して後ろ中心を縫う（図参照）
3　コンシールファスナーをつける
　　（p.69-2参照）
4　脇を縫う（図参照）
5　ウエストを見返しで始末する（図参照）
6　裾を二つ折りにして縫う（図参照）

裁合せ図

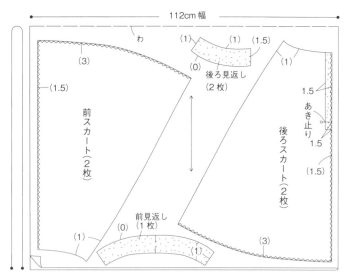

＊（ ）の数字は図に含まれる縫い代分
＊□□□＝接着芯（裏にはる）
＊ 〰〰〰 ジグザグミシンをかけておく

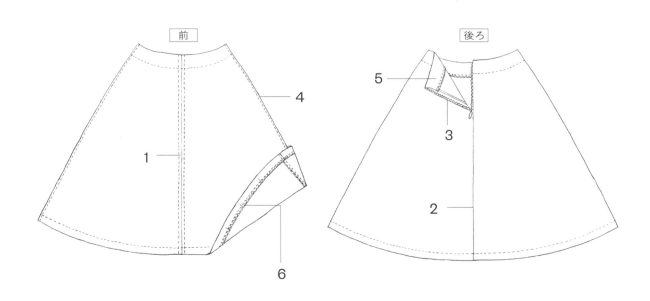

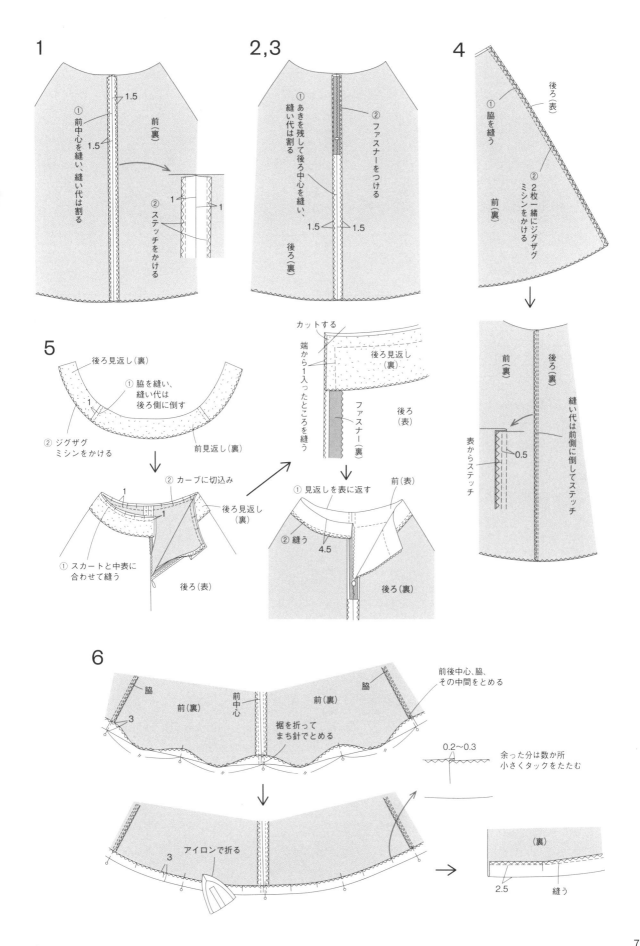

1

① 前中心を縫い、縫い代は割る

1.5

1.5

前（裏）

② ステッチをかける

1

1

2,3

① あきを残して後ろ中心を縫い、縫い代は割る

② ファスナーをつける

1.5

1.5

後ろ（裏）

4

① 脇を縫う

② 2枚一緒にジグザグミシンをかける

後ろ（表）

前（裏）

前（裏）

後ろ（裏）

縫い代は前側に倒してステッチ

表からステッチ

0.5

5

後ろ見返し（裏）

① 脇を縫い、縫い代は後ろ側に倒す

1

② ジグザグミシンをかける

前見返し（裏）

カットする

端から1入ったところを縫う

後ろ見返し（裏）

ファスナー（裏）

後ろ（表）

② カーブに切込み

1

1

後ろ見返し（裏）

① スカートと中表に合わせて縫う

後ろ（表）

① 見返しを表に返す

前（表）

② 縫う

4.5

後ろ（裏）

6

脇

前（裏）

前中心

前（裏）

脇

前後中心、脇、その中間をとめる

3

裾を折ってまち針でとめる

0.2～0.3

余った分は数か所小さくタックをたたむ

アイロンで折る

3

（裏）

2.5

縫う

STAFF

ブックデザイン ……………………… 葉田いづみ
撮影 ………………………………… 大森忠明
スタイリング ……………………… 中野ユカリ
ヘア＆メイク ……………………… 梅沢優子
モデル ……………………… 平野マユ　赤坂由梨
撮影（目次、p.32）…………… 安田如水（文化出版局）
撮影（p.30-31）…………… 中野ユカリ
縫製 ………………………………… 田中千佳子
パターン協力 ……………………… 北條美津枝
製作協力 ……………………… m.oikawa
トレース …………………………… 西田千尋
パターングレーディング ………… 上野和博
作り方元図 ………………………… 堀江友惠
校閲 ………………………………… 向井雅子
編集 ………………………………… 堀江友惠
　　　　　　　　　　大沢洋子（文化出版局）

中野ユカリの
手作りっぽく見えない服

2023年 10月28日　第1刷発行
2024年　5月28日　第4刷発行

著　者　中野ユカリ
発行者　清木孝悦
発行所　学校法人文化学園 文化出版局
　　　　〒151-8524　東京都渋谷区代々木3-22-1
　　　　電話 03-3299-2489（編集）03-3299-2540（営業）
印刷・製本所　株式会社文化カラー印刷